Michael Parkes (geb. 1944) ist Amerikaner. Er studierte Graphik an der Universität von Kansas und reiste anschließend drei Jahre in Asien und Europa und lebt jetzt in Spanien. Zahlreiche internationale Ausstellungen zeugen von seinem künstlerischen Rang. In seinen Bildern und Lithographien verbindet er Elemente des Außersinnlichen mit Realistischem. Er gibt dem Betrachter Rätsel auf, die oft nur mit Hilfe der antiken Mythologie und der fernöstlichen Weisheitslehre zu entschlüsseln sind.

Hans Redeker gibt in seinem Vorwort einen Überblick über Geschichte und Gegenwart der amerikanischen Kunst und interpretiert an Einzelbeispielen das Werk von Michael Parkes.

Der auf 5000 Exemplare limitierten Ausgabe liegt eine vom Künstler signierte Originalgraphik bei.

Michael Parkes

Werkverzeichnis

Mit einem Nachwort von Hans Redeker

Harenberg

Titeletikett: Swan Lake (siehe Seite 83)

Frontispiz: Michael Parkes

Die bibliophilen Taschenbücher Nr. 410
© Harenberg Kommunikation, Dortmund 1983
Alle Rechte vorbehalten
Gesamtherstellung: Druckerei Hitzegrad, Dortmund
Printed in Germany

Inhalt

Vorwort

Eine Synopsis – Die amerikanische Kunst und Europa   Seite 7

Michael Parkes – Ein mediterraner Maler aus Kansas   Seite 13

Auf den Spuren des Werkes 1977–1982   Seite 20

Michael Parkes und die Kunst von heute   Seite 32

Werkverzeichnis   Seite 35

Lebensdaten   Seite 146

Aus dem Niederländischen übersetzt von Suzanne Koranyi-Esser

Vorwort

Eine Synopsis – Die amerikanische Kunst und Europa

Geboren wurde Michael Parkes 1944, als sich der Zweite Weltkrieg dem Ende zuneigte, im amerikanischen Mittelwesten, in einem Dorf im Staat Kansas, der im äußersten Nordosten noch vom Mississippi durchflossen wird. Michael Parkes gehört der Generation junger amerikanischer Künstler an, denen erst in den siebziger Jahren der Schritt in die Öffentlichkeit gelang. Das wird noch durch die Tatsache unterstrichen, daß er sich nach seiner Schulzeit an der Universität von Kansas City zum Maler und Graphiker ausbilden ließ und sofort nach seinem Studium eine Dozentur für «Graphische Techniken» annahm. Fünf Jahre lang – von 1965 bis 1970 – lehrte er an der Universität und unternahm, als Sechsundzwanzigjähriger, mit seiner soeben gegründeten Familie eine Studienreise in die Alte Welt, nach Europa und Asien, ein Entschluß, der für ihn einen endgültigen Abschied von seiner amerikanischen Heimat bedeuten sollte. Trotzdem muß Michael Parkes auch heute den amerikanischen Künstlern zugerechnet werden. Dies wirft natürlich die Frage nach seiner Stellung innerhalb der Strömungen – vor allem der jüngsten – in der amerikanischen Kunst auf.

Und eine weitere Frage sollte gestellt werden: Was haben wir Europäer im Lauf der Jahrhunderte eigentlich über eine eigenständige amerikanische bildende Kunst in Erfahrung gebracht? Was haben wir von ihr verstanden, wie haben wir sie gewürdigt? Betrachtet man die Zeit der beginnenden Kolonisation und des Unabhängigkeitskrieges, dazu das 19. Jahrhundert, so muß die Antwort negativ ausfallen. In der von Kolonisation und Unabhängigkeitskrieg geprägten Epoche, ja sogar noch nach der erlangten Selbständigkeit am Ende des 18. Jahrhunderts, war die amerikanische Kunst, die stärker als je zuvor auf der Suche nach einer eigenen Identität war, hauptsächlich von einem nationalen, sogar provinziellen Partikularismus durchdrungen. Dieser fußte auf einem «europäischen» Standpunkt, der ein Bild Amerikas vor Augen führte, das den Kontinent als fernen Vorposten europäischer Zivilisation und Kultur innerhalb der Grenzen einer Nation darstellte, ein Bild, das eine heranwachsende Gesellschaft zeigte, die oft unter so primitiven und problematischen Umständen leben mußte, daß ein Heranwachsen einer blühenden oder gar eigenständigen bildenden Kunst unmöglich war. Daraus leitet sich die bevorzugte Stellung des Porträts als lange Zeit einzig bedeutendes Genre ab.

Es blieb also hauptsächlich beim Einbahnstraßenverkehr von der Alten in die Neue Welt. Und die wichtigsten amerikanischen Künstler, die in Europa bekannt wurden, waren diejenigen, die nicht nur eine Reise in die Alte Welt als eigentliche «Lehrzeit» betrachteten, sondern die tatsächlich in Europa heimisch wurden. Zu ihnen gehörten im 18. Jahrhundert John Singleton Copley (1738–1815) und vor allem Benjamin West, der es 1792 als Nachfolger von Sir Joshua Reynolds (1723 bis 1792) in England sogar bis zum Präsidenten der Royal Academy brachte. Seine größte Pioniertat bestand für Europa in der Erneuerung des Historienbildes, in das er unter anderem zeitgenössische Kleidung einbrachte.

Im 19. Jahrhundert erfuhr die Alte Welt eine künstlerische Neubelebung durch James Abbot McNeill Whistler (1834–1903): Die Einführung der in Paris heimisch gewordenen japanischen Kunst in England und die Entwicklung einer eigenständigen, von einer atmosphärischen Stimmung geprägten Kunst – vor allem in seinen Londoner Ansichten – parallel zur Stilrichtung der Impressionisten gehen auf ihn zurück. Weitere Beispiele sind der gefeierte Porträtmaler John Singer Sargent (1856–1925), der noch bis ins 20. Jahrhundert tätig war, und Mary Cassatt (1845–1926), die sich den Impressionisten anschloß und bis zu ihrem Tod in Frankreich malte. Zu Beginn unseres Jahrhunderts hatte sich die amerikanische Kunst also noch immer nicht von den vorangegangenen künstlerischen Manifestationen lösen können.

Der historische Durchbruch, noch immer von Europa nach Amerika erfolgend, fand 1913 statt, als die Association of American Painters and Sculptors die erste umfassende Ausstellung zeitgenössischer Avantgarde-Kunst veranstaltete, die «Armory Show», in der mehr als elfhundert Arbeiten von Postimpressionisten, Fauvisten, Kubisten und Symbolisten gezeigt wurden. Zahlreiche amerikanische Künstler, die später zu Ruhm und Ehre gelangten, sammelten hier ihre entscheidenden Erfahrungen, auch wenn es schon damals einen amerikanischen Maler und Graphiker namens Lyonel Feininger (1871–1956) gab, der als junger Mann nach Europa gegangen war und hier von der Kunst Delaunays und den Arbeiten der Mitglieder des «Blauen Reiters» stark beeinflußt worden war. Von 1919 bis 1933 lehrte er an dem von Gropius gegründeten Bauhaus, bis ihm die Nationalsozialisten das Arbeiten unmöglich machten. 1937 kehrte er in seine Heimat, nach New York, zurück.

Die Armory Show hatte den Stein ins Rollen gebracht. 1915 reiste Marcel Duchamp nach New York und leitete dort 1916 – ein Jahr *vor* Zürich und Europa – die Gründung einer Dada-Gruppe in die Wege. Doch auch dieses Ereignis war noch eine Adaption europäischer Stilrichtungen, selbst wenn sich unter anderen bei den «Präzisionisten» auf der Grundlage eines Kubo-Realismus eine zeichnerische Umsetzung der eigenen amerikanischen Wirklichkeit entwickelte. Dieser realistische Zug verstärkte sich noch in den Krisenjahren, als die der sozialen Realität bewußten Maler ihr Augenmerk auf das amerikanische Alltagsleben richteten. Es ist vor allem ein Künstler, der die amerikanische Gesellschaft in ihrer ganzen Leere, Einsamkeit und grauen Alltäglichkeit zeigte und dessen Werk auch in Europa Anklang fand: Edward Hopper (1882–1967).

Doch vorläufig ist der Einfluß Europas ungebrochen, er verstärkt sich sogar noch, als bahnbrechende Künstler der Alten Welt den Rücken kehren und vor Hitler und den Kriegsgreueln fliehen, unter ihnen Vertreter der abstrakten Malerei (Mondriaan, Josef Albers), einstige Lehrer am Bauhaus (Feininger, Moholy-Nagy, Naum Gabo), Surrealisten (Max Ernst, Seligmann, Matta, Dalí) und ihr Theoretiker und Programmatiker André Breton. Gerade dieser erste Ansturm europäischer Avantgarde-Künstler in der Geschichte Amerikas war paradoxerweise zugleich der Beginn eines eigenen amerikanischen Beitrags zur Geschichte der sogenannten «Revolution der modernen Kunst im 20. Jahrhundert», so daß Amerika sogar – und vor allem New York – in den ersten Jahren nach dem Zweiten Weltkrieg in vielerlei Hinsicht die führende Rolle des alten Europa übernehmen konnte.

Wenn man die Architektur ausklammert, so läßt sich der Beitrag, den die nach Amerika geflüchteten Künstler, vor allem diejenigen aus Paris und aus Deutschland, zur amerikanischen Kunst leisteten, in die beiden bereits genannten Richtungen aufteilen: Zum einen sind da die Vertreter der non-figurativen Kunst mit ihrer weitgehend konstruktivistischen oder neoplastizistischen Auffassung, in der Malerei außerdem die Akzentuierung der ebenen Fläche und der Aufteilung der Bildfläche in Form und Farbe; da sind zum anderen die Surrealisten, die in all ihrer Unterschiedlichkeit doch auf das Unterbewußtsein fixiert sind, auf das Direkte und Spontane, das in einer «écriture automatique» kulminiert, in einer zeichenhaften, sich dem reflektierenden Bewußtsein entziehenden Schreibweise.

Historisch vollzog sich die Entdeckung und Adaption dieser europäischen Tendenzen vor allem während des Krieges und – allgemeiner gesehen – dank Peggy Guggenheim in den vierziger Jahren. In ihrer Galerie «Art of the Century» stellte die große Kunstsammlerin der Moderne sowohl abstrakte als auch surrealistische Werke aus. Der amerikanische Beitrag läßt sich zusammenfassend deuten als eine Verschmelzung beider Stilrichtungen zu einem abstrakten, spontanen und direkten Expressionismus, der seinerseits in Europa Widerhall fand, wo die schöpferische Phase des in sich gespaltenen Surrealismus unverkennbar Vergangenheit geworden war und die abstrakte Kunst in die ästhetische Ausdrucksweise der «Ecole de Paris» gemündet war.

«Action painting» war ein Extrem dieses amerikanischen Beitrags zur Revolution der modernen Malerei, wobei der direkte, dramatisch-gestische Gestaltungsakt zur wichtigsten künstlerischen Aussage wird. Buchstäblich «verkörpert» wird dies im Leben und Werk des Jackson Pollock (1912–1956). Hier geht es um eine leibhaftig-räumliche Konfrontation zwischen dem spontan agierenden Maler und der oft auf dem Boden ausgebreiteten Leinwandfläche, an der auch mit der Technik des Farb-Dripping gearbeitet wurde. Über Protagonisten wie Robert Motherwell, Clyfford Still und Tomlin führt der Weg zum anderen Extrem der «Colourfield Painter». Der gebürtige Niederländer Willem de Kooning, der seit 1936 der führende Vertreter des Action Painting in den USA war, spielte in allen Entwicklungen eine tragende Rolle, auch als er – wie später in seinen «Frauen» – wieder erkennbare Fetzen sichtbarer Wirklichkeit einbrachte. In dieser Aufzählung dürfen die Künstler nicht fehlen, die in der Vorkriegszeit mit ihrer überwiegend realistischen Darstellungsweise des amerikanischen Alltags der abstrakten Kunst treugeblieben waren, wie Stuart Davis und, in Europa noch bekannter, Alexander Calder mit seinen «Mobiles» und «Stabiles».

Diese Entwicklung vom Ende der dreißiger bis in die fünfziger Jahre beendete die Rolle der amerikanischen bildenden Kunst als provinzieller Abklatsch des Kunstgeschehens in Europa, auch wenn dieser Provinzialismus im Lauf der Jahrhunderte eindrucksvolle und markante Künstlerpersönlichkeiten hervorgebracht hatte. Von nun an stand New York als Zentrum Paris nicht im mindesten nach. Ein interkontinentaler Austausch bahnte sich an, der in Europa die Kunst der Gruppe Cobra und den Neoexpressionismus entstehen ließ, Dubuffet und seine «art brut» hervorbrachte, den Boden für Künstler wie Georges Mathieu und seine gestische Abstraktion des Malablaufs bereitete und Materialbilder möglich machte.

Daran änderte auch eine erneute Wende um 1960 nichts – fort vom allzu Spontanen, Subjektiven und Unbewußten. Der radikalste Ausdruck dieser Richtung manifestierte sich in der «Pop art» (popular art), die sich zuerst in England als eine Kunst äußerte, die auf all dem gründete, was das Bild einer industrialisierten, kommerziellen Konsumgesellschaft bestimmt, die alltägliche Massenkultur aus Presse, Sex, Maschinen, Fernsehen, Konservenessen, Filmsternchen, Glamour und Geld, Comics und Plakaten, unter Ausschluß der Persönlichkeit und der Emotionen des Künstlers in den verwendeten Techniken.

Fand die Geburt der Pop art auch im England von Richard Hamilton, Eduardo Paolozzi, Joe Tilson und David Hockney statt (um nur einige Namen zu nennen), so machte die amerikanische Kunst diesen neuen Stil bald zu ihrer Sache. Sie hakte bei den charakteristischen Merkmalen der amerikanischen Gesellschaft ein. Vertreter dieser Richtung sind Robert Rauschenberg, Jasper Johns, Andy Warhol, Roy Lichtenstein, James Rosenquist, Claes Oldenburg und Jim Dine, und auch diese Aufzählung ist nicht vollständig. Was von der abstrakten Kunst übriggeblieben war, entwickelte sich zur «Postpainterly abstraction», so getauft von dem amerikanischen Kunstkritiker Greenberg. Die «nachmalerische oder neue Abstraktion» war eine direkte Reaktion auf den abstrakten Expressionismus des Action Painting. Vertreter der Kunst sind Newman, Rothko, Helen Frankenthaler, Noland und Olitski. Auch hiervon blieb Europa nicht unberührt, genausowenig wie von den Künstlern, die dem «hard edge» zugerechnet werden, von dem man Elemente bis zu den ersten Anfängen der abstrakten Kunst zurückverfolgen kann, beispielsweise bei De Stijl und dem Suprematismus oder dem, was Josef Albers schon in den frühen dreißiger Jahren aus dem Bauhaus nach Amerika mitbrachte. Protagonisten wie Ellsworth Kelly, Frank Stella und Barnet Newman hielten auch in Europa triumphalen Einzug in die auf moderne Kunst spezialisierten Museen.

In die sechziger Jahre gehört als amerikanische Kunstrichtung auch die Minimal art, deren Einfluß bis nach Europa reichte. War das Interesse der Postpainterly abstraction vor allem auf farbliche Ausdrucksmöglichkeiten gerichtet, so strebte die Minimal art auf ähnliche Weise eine weiterführende Formreduktion auf Primärstrukturen an, wobei die Konstellation Kunstwerk–Raum oft eine wichtige Rolle spielte. Als völlig anders geartete Stilrichtung taucht in den sechziger Jahren die Concept art auf, eine weitergehende Reduktion der realisierten künstlerischen Idee im Sinn eines traditionellen Kunstwerks. Hier wird außer einer Skizzierung oder Mitteilung auf eine materielle Realisierung verzichtet: Es entwickelten sich internationale Strömungen wie das «Environment» und das «Happening», wobei das eine vor allem in

Europa Fuß faßte und sich von dort nach Amerika ausbreitete, das andere in New York entstand, mit Allan Kaprow als geistigem Vater.

Beide Richtungen zielen auf ein Überschreiten der alten Grenzen zwischen den verschiedenen Kunstformen, beim Environment eher statisch als ein den Betrachter umgebendes künstlerisches Raumgefüge, oft unterstützt von Licht, Farbe und Bewegung; beim Happening als totales Geschehen, das auch die Grenzen zum Theater und zur Musik sprengt. Aber in beiden Fällen geht es vor allem darum, den traditionellen Abstand zwischen dem passiven Betrachter und dem Kunstwerk aufzuheben, den Zuschauer zu aktivieren und in das Geschehen einzubeziehen, ihn aufzurütteln, sogar zu schockieren. Die ersten Anstöße dieser Art findet man bei Dada in den zwanziger Jahren, außerdem lassen sich Elemente bis in die Zeit nach dem Zweiten Weltkrieg, nämlich bis zur Pop art, zurückverfolgen.

Inzwischen wächst eine neue Generation heran, die der jungen Künstler von heute. Zu ihnen gehören die «jungen Wilden» (die sich auch unter anderen Bezeichnungen einen Namen machten). Sie kehrten in einigen europäischen Ländern, aber auch in den Vereinigten Staaten zu einer verstärkten Form grell-expressionistischer Malerei zurück, zu einer Richtung, die in den letzten Jahrzehnten oftmals für tot erklärt worden war. Daneben fällt auch auf, daß sich das Interesse erneut auf das handwerkliche Können in der Malerei richtet und so der großen, von der modernen Kunstrevolution unterbrochenen Tradition folgt und sich in den Dienst eines neuen Realismus stellt, sofern unter diesem Ausdruck nichts anderes verstanden wird als das Aufgreifen der visuellen Erscheinungen der materiellen Wirklichkeit, wie das beispielsweise auch in einer surrealistischen, phantastischen Heraufbeschwörung von innerlicher oder unterbewußter Wirklichkeit der Fall ist.

Dabei geht es nicht um eine reaktionäre Entwicklung zurück zu den flämischen Primitiven, zur Renaissance oder zum Barock, sondern es handelt sich um eine von dieser Generation verkündeten Notwendigkeit, für den Ausdruck des eigenen Lebensgefühls und Bewußtseins abbildende, in diesem Fall zeichnerische Mittel zu schaffen, die sie in den avantgardistischen Strömungen, den «Ismen» der modernen Kunstrevolution, nicht hatten finden können. Eng verknüpft damit war – was den Inhalt betrifft – ihre Suche nach einer neuen Bildsprache, einer modernen Symbolik und dem erneuten Forschen nach dem Ursprung unserer Kultur.

In diesem Ambiente ist der junge Michael Parkes zu Hause, der sich 1975 in Südspanien niedergelassen hatte, um als Maler, später auch als

Graphiker, ein Werk zu schaffen, mit dem er schon bald ein internationales Publikum für sich gewinnen konnte. Allerdings ist der zeitliche Abstand zu dieser jüngsten Entwicklung in der internationalen Malerei so gering, daß sie sich in der Kunstgeschichte und bei den maßgeblichen Autoritäten vorläufig noch keinen festen Platz hat erobern können. Mit Parkes stehen wir mitten in der Gegenwart, so pluralistisch sie sich auch geben mag. Noch schenken die großen internationalen Veranstaltungen wie Dokumenta und Biennale dieser Erscheinung keinerlei Beachtung, aber während dies am Beginn des Jahres 1983 niedergeschrieben wird, ist jedem Kunstkenner bewußt, wie schnell Veränderungen in der Welt der Kunst vor sich gehen können. Die «jungen Wilden» wurden von Museumsautoritäten schon sehr bald in die Ausstellungshallen geholt, ganz offensichtlich hatten die Künstler zahlreiche begeisterte Fürsprecher. Die Bedeutung eines Michael Parkes wurde dagegen bislang erst auf der engeren Kunstszene von Kennern und Sammlern erkannt, und das mag seinen stürmischen Erfolg auf beiden Seiten des Atlantiks erklären.

Doch nicht übersehen werden sollte die entscheidende Schlüsselposition einiger Kunstgalerien, die den Weitblick und den Mut besaßen, sich für diese weder anerkannte noch modische Kunstrichtung einzusetzen. In diesem Zusammenhang muß die Amsterdamer Galerie Hüsstege-Steltman, heute Steltman, erwähnt werden, die als erste Michael Parkes fünf Jahre nach seinem spanischen Debüt die Chance einer internationalen Präsentation gab.

Michael Parkes – Ein mediterraner Maler aus Kansas

Wie in der Synopsis bereits kurz umrissen, ist es historisch nachvollziehbar, daß amerikanische Künstler während der Jahrhunderte, als Amerika zur Großmacht von heute heranwuchs, die Kunst und Kultur des alten Europa als ihren geistigen Ursprung und Nährboden betrachteten. Besonders junge Künstler hielten es – sofern sie über die nötigen finanziellen Mittel verfügten – für unabdingbar, Europa aus eigener Anschauung kennenzulernen, selbst wenn sie die Fahne der amerikanischen Identität stolz hochhielten.

Während des 19. und noch bis Anfang des 20. Jahrhunderts betraf dies vor allem den zeitgenössischen bürgerlichen Realismus und die Übergangsphase zur Moderne, die vor allem vom Impressionismus geprägt wurde, also einerseits eine der Netzhaut angepaßte getreuliche

Darstellung der gesehenen Wirklichkeit, andererseits folgerichtig zur neuen Kunst des 20. Jahrhunderts führend. Wegbereiter waren van Gogh, Seurat, Gauguin, Bonnard und Cézanne. Noch später fand der Anschluß an die Kunst der Moderne statt, und erst nach dem Zweiten Weltkrieg entwickelte sich ein internationales und interkontinentales Kunstgeschehen, an dem die Vereinigten Staaten jetzt, ihrer politischen, wirtschaftlichen und kulturellen Stellung entsprechend, als vollwertiger Partner teilnahmen.

Im Hinblick auf das Thema dieser Monographie sollte – was die Anziehungskraft Europas betrifft – einer Zeit besondere Aufmerksamkeit geschenkt werden, die sowohl in politischer als auch kunsthistorischer Hinsicht für Amerika von großer Bedeutung war – die letzten vier Jahrzehnte des 18. Jahrhunderts. Und diese Zeitspanne wird in der Malerei von niemandem besser repräsentiert als von dem großen Benjamin West (1738–1820), der sich 1760 als junger Provinzmaler aus Philadelphia nach Europa aufmachte, wo er drei Jahre später in London zum gefeierten Maler und Lehrer aufstieg, ein «Must» für zahllose junge amerikanische Künstler während ihres Aufenthalts in der Alten Welt.

Seine Lehrjahre verbrachte Benjamin West in Rom. Er befaßte sich gründlich mit der Welt der Antike und mit ihrer Widerspiegelung im Zeitalter der Aufklärung, ihrer Umsetzung auf künstlerischem Gebiet, im Neo-Klassizismus und der Idealisierung der klassischen, besonders der vorchristlichen Welt als einer Welt der Vernunft, Demokratie, des Rechts und der Schönheit, der Welt von Hellas in ihrer Blüte und dem alten Rom vor den Jahrhunderten der Korruption, des Verfalls und Untergangs. Seine Reise nach Europa stand gänzlich im Zeichen von Kunstgelehrten wie Winckelmann und dessen «Gedanken über die Nachahmung der griechischen Werke in der Malerei und Bildhauerkunst» (1755) oder seiner «Geschichte des Altertums» (1764) oder von Winckelmannschülern, wie dem neoklassischen Maler Anton Rafael Mengs, dessen triumphaler Erfolg in Spanien nach dem des venezianischen Meisters Tiepolo wohl symbolisch für die Weise ist, wie eine neue Epoche der großen italienischen Tradition der Renaissance, des Manierismus, des Barock und des Rokoko im 18. Jahrhundert ein Ende machte.

Neu in der Kunst von West, in seinen dramatisch-allegorischen Historienbildern und mythologischen Gemälden, an denen noch in Amerika Mangel bestand, war, daß er sich nicht nur von dem Plastischen in der klassischen Kunst inspirieren ließ, sondern daß er auch die authentischen historischen Elemente wie Architektur und Kleidung einbrachte und dies auch auf zeitgenössische Darstellungen anwandte. So vermochte der Amerikaner West ebenso wie sein geistesverwandter Schüler Copley einem französischen Klassizismus Bahn zu brechen, für den – neben anderen – David charakteristisch war. Es ist kein Zufall, daß man in der zweiten Hälfte des 18. Jahrhunderts begann, Ausgrabungen an antiken Stätten vorzunehmen, in Athen und Baalbek, in Rom, Pompeji und Herkulaneum, im Palast des Diokletian im heutigen, einst von den Römern erbauten jugoslawischen Split. Die klassische Antike hatte an Aktualität gewonnen. Sie verkörperte die Rückkehr zum Ursprung in einer Zeit des Umbruchs, in der neue politische, soziale, moralische und – allgemeiner – geistige, kulturelle und künstlerische Ideale und Ansichten nach vielen Jahrhunderten des Feudalismus und der christlichen Theologie auf den Plan traten.

Tun wir der Geschichte Gewalt an, wenn wir auf dieser Grundlage den sechsundzwanzigjährigen Michael Parkes, der 1970 während einer ausführlichen Entdeckungsreise die Neue Welt mit der Alten Welt vertauschte, mit dem jungen Benjamin West vergleichen, der ihm 1760, also fast zwei Jahrhunderte zuvor, als Zweiundzwanzigjähriger vorausgeeilt war? West hatte als Provinzler aus Philadelphia nach einer kurzen Ausbildung zum Maler seine Heimat verlassen, um sich auf die Suche nach dem Ursprung der westlichen Kunst zu begeben. Und Michael Parkes setzte ebenfalls als junger Provinzkünstler aus Kansas über den Atlantik, zwar nach einer gründlicheren Ausbildung und sogar einer frühen Dozentur für Graphik an Universitäten in Ohio und Florida, aber doch kaum berührt von dem, was sich auf der New Yorker Kunstszene, in Galerien und Museen, in den Künstlervierteln als Mittelpunkt sich rasch ablösender neuer Stilrichtungen abspielte.

Ist Michael Parkes sogar wegen der so schnell erfolgten internationalen Anerkennung und seines Erfolges bei Kunstkennern ein Benjamin West des 20. Jahrhunderts? Bei einer solchen Vermutung ist Vorsicht geboten, denn die Geschichte wiederholt sich nicht, und die heutige geistige Krise mit ihren – auch künstlerischen – Forderungen trägt völlig andere Züge als die damalige Epoche des Umbruchs, der Revolution, in der West vor zwei Jahrhunderten lebte. West war Kind einer dramatischen Zeit, als Amerika um Freiheit und Einheit kämpfte und Europa unter der Französischen Revolution und den Napoleonischen Kriegen litt. Trotzdem war es auch eine Zeit der neuen Ideale und eines optimistischen Blicks in die Zukunft, selbst wenn, im nachhinein gesehen, nicht viele dieser Träume realisiert wurden. Und das industrielle Zeitalter mit seinen einschneidenden sozialen und gesellschaftlichen Verände-

Michael Parkes an seinem Arbeitstisch

rungen war noch nicht einmal angebrochen! Michael Parkes dagegen ist in eine Welt der Technik, der Gewalt und der atomaren Bedrohung hineingeboren, in eine Welt, deren westlicher Hemisphäre außerdem die traditionellen geistigen, religiösen und moralischen Sicherheiten abhanden gekommen sind. Vernichtet ist die optimistische Hoffnung auf eine bessere Zukunft, verschwunden das kämpferische Lebensideal, wie es noch vom Marxismus getragen wurde, bevor er in seiner Umsetzung im Rußland Stalins ein bitteres Ende fand. Den Westen mit seinen überkommenen Werten, Normen und Wahrheiten erschüttert augenblicklich eine fundamentale geistige Krise.

Das macht verständlich, weshalb der junge Michael Parkes 1970 Kurs auf Europa nahm; zuerst aber reiste er nach Asien, das er von einer Studienreise nach Madras in Indien am Ende seiner Ausbildung her kannte. Auch aus der Faszination, die die Ideenwelt und die Kunst des Ostens auf ihn ausübten, wird die geistige und emotionale Situation ersichtlich, in der sich viele seiner Zeitgenossen befinden. Der Einzug des Zen-Buddhismus, der östlichen Religion überhaupt, der Philosophie und Mystik ist – wie der Erfolg der «Gurus» und ähnlicher geistiger Führer beweist – ein Zeichen für den Niedergang der christlichen Religion und des westlichen Rationalismus aus den Tagen der Aufklärung. Gerade in einer Welt bewußt reflektierender, kritischer junger Menschen ist der Westen gezwungen, seine überhebliche Stellung als geistiger Führer preiszugeben, nicht zuletzt deshalb, weil sich die östliche Weisheit noch auf eine ehrwürdigere Tradition gründen kann als die Kultur des alten Griechenland und der Ursprung der christlichen Religion im späten römischen Reich.

Für Michael Parkes hatte die Fahrt durch die Alte Welt mit seiner jungen Familie weitreichende künstlerische Konsequenzen. Dennoch sind in der Symbolik seiner Arbeiten, in den allegorischen und mythologischen Gestalten, die seine Bilder bevölkern, nur wenige Motive auszumachen, die sich direkt auf seine asiatischen Reisen beziehen. Natürlich machen sich die Lehr- und Wanderjahre – wie eine eingehendere Betrachtung seines Werkes zeigen wird – durchaus in seinen Bildern bemerkbar, aber eher indirekt als Unter- oder Hintergrund, faßbar nur im «Fond». Um so eindringlicher wird der Vordergrund seiner Kompositionen von Figuren beherrscht, die – auf welche Weise auch immer – ihre Entstehung hauptsächlich den ausführlichen und langen Fahrten durch die nicht so ferne Küstenwelt des Mittelmeers verdanken.

Was ein Benjamin West in der klassischen Welt von Hellas und Rom – auch für seine Kompositionen – suchte, ist der Gedankenwelt dieses jungen Malers aus der zweiten Hälfte des 20. Jahrhunderts fremd. Führt man gemeinhin die Götter und Halbgötter an, die seiner Phantasie entsprungen sind, dann stellt sich bald heraus, daß diese Götter, Helden und mythischen Gestalten aus dem Urquell des altgriechischen Ideenreichs zu uns emporgestiegen, einen kaum noch erkennbaren Bestandteil seiner Bildsprache bilden. Eher lassen sich noch bei Gestalten wie dem heiligen Georg und Maria Magdalena Bezüge zum jüdischen Erbe ausmachen. Stellt man vorläufig eine Analyse seiner stilistischen und emblematischen Elemente zurück, dann könnte man seine Kunst als mediterrane Kunst im umfassenden Sinn des Wortes bezeichnen: «Südlich», wenn man sie in Europa situiert; von Amerika aus betrachtet ein Produkt der Alten Welt, ohne aber von einer Adaption der klassischen Antike oder eines «Orientalismus» eingegrenzt zu sein. Am Mittelmeer waren von jeher die meisten alten Kulturen Anrainer, vom afrikanischen Ägypten über den nahen und ferneren Orient bis zu den Wurzeln der westlichen Kultur, die ja sogar hinab bis zu den ältesten Schichten unter den östlichen und südlichen Gestaden reichen.

Man könnte es als symbolischen Akt werten, daß Michael Parkes sich mit seiner Familie 1975 endgültig in einem südspanischen Dorf nahe Malaga, direkt am Mittelmeer, niedergelassen hat, wo sich vom Mittelmeer die Durchfahrt zum großen Ozean auftut, die Straße von Gibraltar. Hier lebt und arbeitet er bis heute. Seit 1975 entstand in einer stetigen Entwicklung ein Werk, das in dieser Monographie erstmals vollständig vorgestellt wird. Es ist dies die Geschichte, wie sich ein aus dem Mittelwesten stammender Amerikaner zu einem mediterranen Maler und Graphiker entwickelte, sich mit den selbst erworbenen künstlerischen Mitteln eine eigene symbolträchtige Bilderwelt schuf, um so die Gefühle zu verdeutlichen, die ihn als jungen Künstler der Gegenwart bewegen.

Als notwendig erachtete er eine Vervollkommnung seiner Technik, anfangs auf malerischem und zeichnerischem Sektor, seit kurzem auch in der Graphik, genauer in der Farblithographie, einst Ausgangspunkt seines künstlerischen Werdegangs. Sucht man ein Etikett, um die phantastischen Ideen und Gestalten historisch einzuordnen, dann käme wohl am ehesten die Bezeichnung «Surrealismus» in Frage, wie er heute von den jungen Künstlern wieder zum Leben erweckt worden ist. Der Unterschied zum historischen Surrealismus – dem von Salvador Dalí – ist allerdings groß, daher sollte diese Etikettierung nur als oberflächliche Klassifizierung gewertet werden. Und so führt die Annäherung an sein Werk, das sich ebenso von Giorgio de Chiricos «Pittura metaphysica» unterscheidet, zwangsläufig zu einer anderen Art der Analyse.

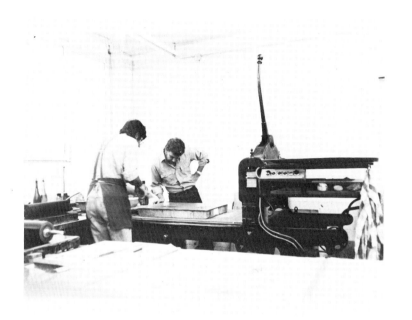

Michael Parkes bei der Farbprobe

Auf den Spuren des Werkes 1977–1982

Begonnen werden soll diese Untersuchung chronologisch mit dem Bild, das an zweiter Stelle dieses Werkverzeichnisses steht und das Datum des 1. Oktober 1977 trägt, das also rund sechs Jahre vor dem Erscheinen dieser Monographie und zwei Jahre, nachdem sich Michael Parkes in Südspanien niedergelassen hatte, entstand.

Schon diese Arbeit trägt zahlreiche Züge, denen man in Parkes' ganzem späterem Werk wieder begegnen wird. Das gilt vor allem für die Technik (Öl auf Holz) und für das äußerst verfeinerte, aber keineswegs süßliche Kolorit aus überwiegend zarten, gebrochenen Farbtönen. All dies steht im Dienst eines geheimnisvollen Lichts, das nicht von dieser Welt zu sein scheint, das – dünn und gedämpft – dennoch die Quelle von Schlagschatten ist.

Zu sehen ist die Profilansicht einer sitzenden, in Gedanken versunkenen, schönen jungen Frau vor einer Stele in einer ausgestorbenen, weiten Landschaft. Links vor dem Horizont erheben sich Berge, rechts steht ein breites Gewässer. Auf dem Boden sind zwei Katzen zu sehen, die, vom Betrachter abgewendet, anscheinend schlafen. Daneben liegt ein Ball. Hinter dem Frauenkopf kommt durch die Luft ein schwereloses Fabelwesen angeschwebt. Und seltsamerweise wirft gerade diese unkörperliche Erscheinung einen Schlagschatten wie aus einer weiteren Lichtquelle, die sich nicht seitlich, sondern hinter dem Betrachter befinden müßte, um einen Schatten auf der gemalten Luftfläche zu hinterlassen. So wird auch dieser Bildteil verrätselt und doppeldeutig. Dies alles liegt bereits völlig auf der Linie von Parkes' späteren Arbeiten, nur mit dem Unterschied, daß das Porträt trotz einer leichten Stilisierung noch – wegen der zeitgemäßen Kleidung und dem Arbeiten nach einem Modell, ein Zug der später völlig verschwindet – einen porträthaften Charakter besitzt.

«Transition» (Seite 38) lautet der Titel dieses Bildes. Soll er als Schlüssel für eine geheime Symbolik «hinter» der Bildidee gemeint sein? Er gibt uns jedoch nur weitere Rätsel auf. Wie die symbolische Kugel, so tauchen auch Katzen oft in den späteren Arbeiten auf. Häufig symbolisieren sie die Nacht, dann wieder erscheinen sie augenlos (wie in Dawn, 1979, Seite 74), «denn außer dem Licht des Göttlichen brauchen sie nichts; durch dieses Licht verwandeln Katzen sich von Nacht- in Tagtiere» (Parkes). Schon in den alten Mythen besitzt die Katze das zweite Gesicht, mit dem sie hinter dem irdischen Schein das Übersinnliche zu schauen vermag.

Übrig bleibt das schwer definierbare schwebende Wesen, das durch die von ihm ausstrahlende Doppeldeutigkeit in der Darstellung wohl noch am ehesten den «Übergang» (Transition) verkörpert; von ihm auszugehen scheint ein Raunen, dem die junge Frau gedankenverloren lauscht. Vor allem dem Schwebenden, Gewichtlosen und Unkörperlichen begegnet man immer wieder in der Bildwelt des Michael Parkes, aber auch der unverkennbar anwesenden, aus mehreren, oft östlichen Kulturen abgeleiteten Symbolik, die allerdings im Titel und in der Bildidee bewußt in der Schwebe gelassen wird und dem Betrachter auf eine fesselnde und faszinierende Weise Rätsel aufgibt, deren Lösung er selbst finden muß. Welcher Übergang? Vom Tag zur Nacht, vom Leben zum Tod, vom irdischen Dasein in eine andere Existenz? Das Werk von Michael Parkes ist voller verhüllter Öffnungen, die sich auf die Jahre seines Eintauschens in die östliche Kultur zurückführen lassen.

In «Crepuscolo» (Seite 39), «Geometric Projection» (Seite 40) und «The Juggler» (Seite 37) aus demselben fruchtbaren Oktobermonat ist die Entwicklung des Phantastischen innerhalb der – auch menschlichen – Gestalten bereits fortgeschritten. Die Figuren, die häufig mit menschlichen Zügen und mit Flügeln ausgestattet sind, kommen oft wie aus einer anderen mythologischen Welt angeflogen. Es herrscht panische Dynamik, die aber außerhalb unserer alltäglichen Zeit in Stillstand erstarrt zu sein scheint. Die weiten, ebenen Landschaften kehren wieder, wie auch das seltsame Licht. Und besitzen die Menschen, oft weibliche Wesen, ein Gesicht, dann verschwindet dies von nun an stets bis auf den Mund unter einer Tarnkappe, halb Kopfbedeckung, halb Maske. Geier, Habichte und Tauben haben bei Parkes eine symbolische Rolle übernommen, wie hier in «The Juggler». Und auch die symbolträchtigen weißen Kugeln tauchen wieder auf. Das große Reittier hinter dem Zauberer in «Dusk» (Seite 73) bezeichnet Parkes als den Vertreter der Mächte der Nacht; in diesem Bild ist es zusammen mit dem Habicht, dem Jäger der Nacht, abgebildet, der die Taube, das Symbol für das Tier des Tages, getötet hat.

Neu in «Geometric Projection» ist auch das Spiel mit dem Spiegel, der wiederum einen doppeldeutigen Durchblick auf eine andere Erscheinungsebene als die gewöhnliche Realität ermöglicht. Und in «Oasis» (Seite 44), aus dem Jahr 1978, schwebt eine weiß gehörnte, getarnte, in weite Gewänder gehüllte Gestalt über einer wüstenähnlichen Landschaft, in der nur ein seltsamer Felsen, welcher der Form der schwebenden Figur nachempfunden ist, emporragt. Das Jahr wird von «Sweet Sadness» (Seite 60) und «Powerflight» (Seite 31) beschlossen. In

«Sweet Sadness» liegt alles nicht nur in tiefem Schlaf versunken, sondern befindet sich auch außerhalb der Gesetze von Schwerkraft und Zeit, das gilt für den Tiger und die anderen Gestalten am Boden bis zu den Feen ähnelnden Gestalten in der Luft.

Im äußerst produktiven Jahr 1978 wird die Reihe fortgesetzt. Am Anfang steht «Mute Swan» (Seite 56). Parkes sieht in diesem Bild eine Mischung verschiedenster Todessymbole. So repräsentieren die Ruhe und die Schönheit des Schwans den Tod einer bereits weit entfernt befindlichen Seele; die Leidenschaft und Nacktheit der weiblichen Figur den Tod eines Wesens niederer Ordnung, während die Spielkarte Pik-As zu den traditionellen Todessymbolen gehört. Ihr fällt vor allem die Rolle zu, Klarheit zu schaffen. Auf ähnliche Weise symbolisiert «Year 12 A. D.» (Seite 59) das Jahr «der endgültigen Vernichtung der okkulten Macht, dargestellt von der alten Welt Griechenlands». Die beiden symbolischen Gestalten Katze und Vogel fungieren als Wächter dieser Macht, die sicher behütet war, bis die Herrschaft Karls des Großen einen Teil von ihr befreite und der Rest während der Renaissance seine Freiheit erlangte. Fragmente klassischer Architektur und Bildhauerkunst bestimmen vor einer wiederum kahlen und unweltlichen Landschaft die übrige Komposition.

Im Entwurf einfacher als beispielsweise die komplizierte, Rätsel aufgebende Symbolik von «The Impossible Circle» ist sein heiliger Georg (Seite 58) – ebenfalls 1978 entstanden –, den Parkes mit seinem typisch trockenen Humor beschreibt als «eine klassisch komische Darstellung des heiligen Georg nach dem Kampf mit dem Drachen». In voller Rüstung hat er die Hand «und auch den Rest» der Jungfrau erlangt, die sich nackt, aber kopflos, in einer anmutigen Pose an ihn lehnt. Zu seinen Füßen befindet sich der treue Hund, der das heilige Schwert bewacht, das den Sieg des Guten über das Böse darstellt. Eine weitere, für Parkes charakteristische Bemerkung: «Die Frage bleibt natürlich offen, ob es sich wirklich um einen bösen Drachen gehandelt hat oder nicht eher um ein Untier, das selbst in der emotionalen Aufgewühltheit des Augenblicks verstrickt war.»

Von den vielen Legenden, die den vor allem von den Kreuzrittern verehrten heiligen Georg umranken, entstand jene, die von seinem Kampf mit dem Drachen berichtet, erst im 11. Jahrhundert. Aus demselben Umkreis stammt auch das Bild «La Magdalena» (Seite 57), in dem es um das Paradoxe in der Gestalt der Maria Magdalena als Prostituierte/Heilige geht, wie dies römische Kreuzritter aufgrund historisch zweifelhafter Aussagen folgerten. Hier beherrschen wieder

El Faro, 1978
60×73 cm
Öl auf Holz

Spielkarten symbolisch das Leben: Herz-As, das Maria Magdalena in der Hand hält, als Symbol ihres sündhaften Berufs, das Loslassen aller Karten als Sinnbild für die Heilige. Den Schädel von Christus im Sand erkannte Parkes als traditionelles Magdalena-Symbol, das bereits seit Anfang des 16. Jahrhunderts geläufig ist.

Genauso charakteristisch ist Parkes Entwurf für den Aufbau von «Dusk» (Seite 73), wo man bereits bekannte symbolische Gestalten wiedertrifft: das große, wuchtige, dunkle Reittier, auf dem eine weibliche nackte Gestalt sitzt – die Göttin der untergehenden Sonne. Ihre Farbe verwandelt sich vom Rosarot des Tageslichtes in die Bläue der Nacht. In Händen hält sie eine Taube, das Symbol für den Tag, die von dem hinter ihr sitzenden Habicht, dem Symbol für den nächtlichen Jäger, getötet worden ist. Sogar der Überwurf, auf dem sie sitzt, steht ganz im Zeichen der untergehenden Sonne.

Als Gegensatz zu «Dusk» schuf Parkes das Bild «Dawn» (Seite 74): Eine Darstellung der Göttin der aufgehenden Sonne. Über der Nacht sitzt die Göttin und erschafft die Morgenröte, indem sie ihre kosmischen, aus dem Herzen emporragenden Flügel öffnet. Die Katzen sind hier augenlos, denn das göttliche Licht ist alles, was sie brauchen, um der Welt gewahr zu werden. Durch die Göttin verwandeln sie sich von Nacht- in Tagtiere, wie auch in dieser Arbeit die ganze Welt sich vom Dunkeln fort und hin zum Licht wendet.

In «Broken Promises» (Seite 53) trifft man auf eine neue Variante. Die Frau weint, die Katze jammert, und der Vogel entflieht in panischer Angst. Die drei Eier stellen den okkulten Zirkel von Harmonie und Einheit dar. Ist eines zerbrochen, dann herrscht Chaos.

Hinter dem Titel «Mars» (Seite 52) – einem weiteren Bild aus dem Jahr 1978 – verbirgt sich nicht der Kriegsgott, sondern die Erschaffung des Planeten Mars. In einer wiederum endlosen, kahlen Landschaft schießt der Planet wie eine Kugel mit Rauch und Feuer aus dem Boden, neben einer bekleideten Gestalt, die den einen Marsmond Deimos ruhig im Gleichgewicht hält, während im Hintergrund eine geflügelte und wieder kopflose Gestalt in der Luft auf den anderen Mond, Phobos, Jagd macht.

Der heilige Georg kehrt in diesem Jahr noch ein zweitesmal auf eindrucksvolle Weise zurück. Diesmal wird er just in dem Augenblick gezeigt, als er auf seinem sich aufbäumenden Pferd dem Ungeheuer den tödlichen Streich versetzt. Über dieses Bild («St. George», Seite 46) wurde 1978 folgendes geschrieben: «Dies ist ein seltsames und zugleich meisterhaftes Gemälde, in dem sich viele Jahrhunderte europäischer

Malerei zu vereinigen scheinen, mit den typischen Details, raffinierten Nuancierungen, einer gekonnten Farbgebung und einer bewegten Monumentalität. Ein enormes Feingefühl tritt im Aufbau zutage, der mühelos entstanden zu sein scheint, und gerade dadurch einen Teil der Aussagekraft bildet. Doch eine solche Andeutung genügt nicht, sie könnte für verschiedene Standpunkte in der Malerei gelten. Es ist nicht Parkes' Präsentation reicher Kenntnisse, die seine Malerei zu etwas Besonderem erhebt, auch wenn diese Zurschaustellung einen unlösbaren Teil seines bildnerischen Könnens ausmacht, es sind auch seine im Zaum gehaltene Phantasie und die Auffassung, die er von Zeit und Raum hat, das Einschätzen der Personen, die sich im Reich zwischen Himmel und Erde bewegen. Die sichtbare Wirklichkeit existiert zwar, aber sie ist nicht die von uns erkannte, die vertraute Realität. Außerdem entleiht er seine Bilder nicht der wohlbekannten Atmosphäre des Menschen, dem Alltäglichen, dem Normalen. Er zitiert aus einer großen früheren Kultur, aus dem ewigen Schatz menschlicher Erzählungen, in denen Magie und Fanatismus, Rache und Verurteilung, Fluch und Schicksal, Dekadenz und Heroismus sich miteinander zu einem schönen, geheimnisvollen Zwielicht verquicken, in dem sich Götter und Halbgötter anziehen oder abstoßen.

Der Symbolismus blüht, auch in dem Werk dieses talentierten Malers. Die unsichtbare Welt des Überirdischen wird hier wie in einer Momentaufnahme erfaßt, wird beinahe greifbar in ihrer Farbgebung, die in Beige- und sanften Brauntönen, in warmem Grün und gebrochenem Weiß schwelgt. In seinen Darstellungen geschieht stets etwas Besonderes, es ist, als ob wir gewöhnliche Sterbliche Zeuge von ungeheuren Vorgängen oder über allem Irdischen erhabenen Zuständen sein dürfen. Und es ähnelt der Unvollkommenheit all dessen, was wir auf dieser Erde tun, um eine andere Welt zu schaffen, genau wie dies ein Zauberer versucht. Ein Zauberer mit einer Symbolsprache, der jahrhundertelang Christentum und Heidentum in Bann hielt, die er nun – gleichsam als Prophet – beschwört, als Prophet, der für einen Moment den schweren Vorhang zur Seite schiebt, um uns einen Blick in eine andere Welt zu gönnen.»

Dieses lange Zitat (aus einer Einführung des Kunstkritikers Franz Duister bei der ersten – Amsterdamer – Ausstellung von Parkes außerhalb Spaniens) wurde ganz bewußt gewählt, denn es gehört zu der noch immer recht kargen Literatur, die über Parkes' Werk existiert. Duister sah bereits das Besondere in den Gestalten, die die Welt von Michael Parkes bevölkern. «Sie stehen reglos da, totenstill, dann wieder bewegen

Broken Monument, 1978
Öl auf Holz

sie sich in höchster Monumentalität. Nie befinden sie sich Auge in Auge mit dem Betrachter, und nie enthüllen sie charakteristische Züge, die sie als Porträts abstempeln könnten. Persönliche Merkmale besitzen sie kaum, es sei denn, daß, wie auf dem großformatigen Gemälde, das man als Meisterwerk dieser Ausstellung bezeichnen könnte [Der heilige Georg und der Drache, H. R.], eine Frau unter ihren maskierten Augen noch gerade ein monalisianisches Lächeln erkennen läßt, den Mund als Blick des Einverständnisses.»

Wendet man sich anderen Werken aus dem Jahr 1978 zu, dann lernt man in «El faro» (Seite 23) ein neues Symbol kennen. Hier ist der Leuchtturm in der Gestalt der «Magna Mater» das Bild für die Mutter-Göttin oder die Mutter Natur, die der Evolution den Weg weist. Der weiße Vogel im Vordergrund verkörpert das Beschützen der Seele im Land von Übergang und Tod. Der Ozean, in dem sich all dies abspielt, ist das Symbol für die Reinkarnation und existiert – den Wellen gleich – in endloser Wiederholung bis zum endgültigen Ende der Evolution. Es folgt «Broken Monument» (Seite 26): wieder eine kahle, wellige Landschaft, in der die monumentale bronzene, teilweise verstümmelte Statue einer Amazone steht. Der von hinten gezeigte Reiter im Vordergrund ist der Wächter dieses gigantischen Denkmals. Neben ihm steht der Stein, von dem er abliest, in welche Richtung es geht.

Das Jahr 1979 bietet im Œuvre von Michael Parkes eine weitere Vervollständigung seiner symbolisch aufgeladenen Welt, vorbei an Raum und Zeit, wie sehr er sich als Maler auch formal an eine scheinbar realistische, perspektivistische und plastische nachbildende Tradition malerischer Wiedergabe hält. Öfter als vorher schweben körperlich greifbare Gestalten durch die Luft, die jedoch aller Schwere enthoben sind, mehr denn je zuvor sind sie in Bewegung, aber gleichzeitig in einem zeitlosen Augenblick erfaßt. Weibliche Gestalten, so göttlich sie auch sein mögen, spielen mehr als jemals vorher eine zentrale Rolle, so wie «Net» (Seite 67), ägyptische Göttin des Jagens, oder «The Last Queen» (Seite 70), «The Juggler's Mistress» (Seite 72) und «The General's Mistress» (Seite 66). Die marmornen Fragmente und die anderen Teilstücke aus der bildhauerischen oder architektonischen Welt der Antike tauchen in seinen trostlosen Landschaften regelmäßig auf, verweisen auf die Quellen unserer Kultur, ohne daß sein Werk sich auch nur annähernd als klassisch interpretieren ließe.

Dasselbe gilt für das Jahr 1980, in dem sich Krieg und Chaos bereits ankündigen, unter anderem durch das schon öfter zur Sprache gebrachte zerbrochene Ei, aber auch durch die Rauchsäulen lodernder Brände am Horizont, die den unbefangenen Betrachter die Katastrophe eines sich drohend nähernden Atomzeitalters ahnen lassen. Die Durchsichtigkeit, die seine plastisch gemalten Gestalten durchschaubar macht, wie in «Auro Mira» (Seite 81), ist nun auch ein Merkmal seiner alles Irdische hinter sich lassenden Beschwörungen.

Auch während seiner Asienreisen wurde Michael Parkes davon fasziniert, wie in diesen östlichen Ländern das Alltägliche mit dem Übersinnlichen in regem Austausch steht. Dies ist wichtig, denn die Symbolik der drei Federn kehrt immer wieder, zum Beispiel in «Three Magic Feathers» (Seite 89).

Unter dem Titel «Three Magic Feathers» findet sich folgende Beschreibung von Parkes: «Wird einer Novizin das Recht zuerkannt, eine Zauberin oder ‹weiße Hexe› zu werden, dann empfängt sie drei magische Federn als Symbol ihres Übertritts. Sie stellen die Wünsche dar, die ihr von ihrem Lehrmeister mit auf den Weg gegeben werden.» Auf eine kompliziertere und universellere Weise ist dies in «Feather Game» (Seite 104) ausgearbeitet: «Es gibt einen Ort, wo keine Zeit existiert. Ohne Zeit sind Altern und Tod gegenstandslos. Das Feder-Spiel wird mit solcher Trägheit und Genauigkeit gespielt, daß der Sand der Wüste den Spieler bereits bedeckt hat. Sogar einer Marmorstatue ist genügend Zeit gegeben, ihren Kopf zu wenden und die Geschicklichkeit und Balance zu bewundern. Dabei besteht der Preis für den Sieger einfach darin, daß er oder sie unter dem Bogen hindurch in eine andere Landschaft, zu einem anderen Spiel gehen darf. Hat das Spiel die Person ermüdet, so kann sie sich wieder erholen und – vielleicht Jahrtausende später – ausgeruht erneut in die ‹Zeit› zurückkehren.»

Zu den stets wiederkehrenden Symbolen im Werk von Parkes gehören, wie bereits angedeutet, auch die Spielkarten. «Signal Fire» (Seite 90) zählt zu dieser Gruppe – als Ende des Spiels. Das Feuer ist das Signal, daß der letzte Teil auf der anderen Seite des dahintreibenden Felsens gespielt werden muß. «Dies ist eines der ‹Ewigkeitsspiele›, wie ich sie verschiedentlich gemalt habe, auch in ‹The String Game› (Seite 76) und ‹The Feather Game› (Seite 104).»

Doch auch der Falke erscheint wieder, wie in «Lock Falcon» (Seite 88): Er kehrt mit der Botschaft zurück, daß die Kultur auf dem Sterbebett liegt, eingeschlossen innerhalb seines Gesichtskreises. Die Frau ist hier wieder die göttliche Mutter, die das Licht des ewigen Wissens trägt, bis eine andere Zivilisation sich bereit zeigt, es zu empfangen. Das Tigerfell, das schon früher zu sehen war, ist das Yoga-Symbol für okkulte Mächte.

Bilder, wie hier kurz beschrieben, entstanden im Jahr 1980, teilweise auch 1981, wie «The Feather Game». In diesem Jahr wurden auch andere für das Œuvre wichtige Arbeiten geschaffen wie «Remembering Persepolis» (Seite 95), «Children's Games» (Seite 94), «The Last Sea Serpent» (Seite 98), «The Last Dragon» (Seite 109) und «Death of Paganini» (Seite 97). Und dies letztere ist zugleich der Ausgangspunkt eines neuen Aspekts, der die Verbindung von Parkes und seiner Malerei mit der Vergangenheit der alten, in diesem Fall europäischen Kultur betrifft.

Diese Vergangenheit wurde nämlich in einem wichtigen Teil seines jüngsten Werkes plötzlich mit einemmal nähergeholt, die Zeit des 19. Jahrhunderts der Romantik, sogar noch die des 20. Jahrhunderts. Und neben einem virtuosen Genie im Konzertsaal wie Paganini war vor allem das klassische Ballett, das eng mit der Musik seiner Zeit verknüpft war, eine Welt des Theaters, der theatralisch-symbolischen Gestalten und damit gleichzeitig auch einer anderen Existenz, die Parkes neue Ausblicke auf eine symbolisch-malerische Transposition bot, die vom künstlerischen Standpunkt aus gesehen einen ebenso selbständigen und autonomen Platz in seinem Werk einnimmt wie früher Elemente aus den tiefen Schichten uralter Kulturen.

Einen Namen wie den des bereits zu Lebzeiten legendären Tänzers Nijinskij – auf seinem Gebiet vergleichbar mit Paganini – findet man hier neben Namen wie Petrouchka und Schwanensee, neben der Gestalt des «Letzten Schwanenkönigs» oder – verallgemeinert – einem Titel wie «The Practice Ring» (Seite 121). Auch das Geschichte machende Solo Nijinskijs inspirierte ihn: Debussys «Prélude à l'après-midi d'un faune». Durch diese neuen Anregungen und gefördert von dem Amsterdamer Galeristen Gerrit Steltman begann Parkes, der sich bereits als junger Künstler für grafische Techniken interessiert hatte, erneut an einem grafischen Werk zu arbeiten. Es entstanden vor allem Farblithographien, die schon bald von einer ausgereiften Technik und einer künstlerisch vollkommenen Handhabung der Themen Zeugnis ablegten.

Nur scheinbar macht Parkes einen großen Sprung innerhalb der Geschichte; tatsächlich war seine Entdeckung des klassischen Balletts ein folgerichtiger Schritt in seiner Entwicklung. Denn gerade dem Ballett ist es eigen, den menschlichen Körper als Manifestation einer überirdischen Welt zu präsentieren – stilisiert und in jeder Gebärde, Haltung, Pas oder Sprung der irdischen Schwerkraft enthoben.

Anfangs war das klassische Ballett gänzlich an den französischen Hof gebunden, und erst im letzten Jahrhundert hatte es sich schließlich zu einer vollwertigen, selbständigen Kunstform entwickeln können. Bahnbrechend wirkten dabei die Ideen eines Pioniers wie Jean-Georges Noverre (1727–1810) in seinen «Lettres sur la danse»: «Die Masken zerbrechen, Perücken verbrennen, Reifröcke zerstören, den Geschmack an die Stelle der Routine setzen, edlere, aussagekräftigere Kostüme einführen, Handlung und Bewegung im Theater fördern, Ausdruck in den Tanz einbringen, den riesigen Abstand vom mechanischen Handwerk zum geistigen Streben aufzeigen, das den Tanz erst zur Kunst erhebt.» Deutlich kommt der Einfluß der Aufklärung in der zweiten Hälfte des 18. Jahrhunderts zum Ausdruck, dem auch der amerikanische Maler Benjamin West zu jener Zeit in der Alten Welt auf der Spur war, ein Einfluß, der die Entdeckung der antiken klassischen Kunst in Gang setzte und darüber hinaus den Neoklassizismus und, später, die Romantik initiierte.

Auf die Ähnlichkeit der Rollen von Benjamin West und, zweihundert Jahre später, seinem «Nachfolger» Michael Parkes wurde bereits in der Einleitung hingewiesen.

Obwohl Frankreich und Italien anfangs eine führende Stellung innehatten, wurde aus historisch hochinteressanten, aber hier nicht weiter darlegbaren Gründen gerade das feudalistische Rußland in der zweiten Hälfte des letzten Jahrhunderts durch seine Anziehungskraft auf den Franzosen Marius Petipa, später auf Fokine und Massine, in der Tanzkunst wegweisend. Doch sollte es bis in die ersten Jahre des 20. Jahrhunderts dauern, ehe die russischen Ballette auch im Westen ein fester Begriff geworden waren, größtenteils dank ihres Ballettmeisters Serge Diaghilew. Mit seiner Truppe brachte er junge Talente in den Westen, nach Frankreich, beispielsweise den jungen Nijinskij. Diaghilew war es auch, der moderne Künstler aufrief, Bühnenbilder und Kostüme neu zu entwerfen, der an bedeutende Komponisten Aufträge vergab, darunter Strawinsky, den Komponisten von «Petrouchka».

Der Terminus «klassisches Ballett» war nicht wörtlich als ein Ausdruck des von der Antike inspirierten Klassizismus zu verstehen, sondern als völlig neues Zusammenspiel von Technik und Form, als standardisiertes und dem Dunstkreis des Subjektiven entzogenes Repertoire aus Tanzschritten, Sprüngen, Haltungen und Gesten. Dies als Kontrast zu den Ausdrucksmöglichkeiten im modernen Tanz und Ballett, wie diese sich im 20. Jahrhundert – eng verknüpft mit der «Revolution der modernen Kunst» – entwickelten, beeinflußt von dem Streben nach einer persönlich-direkten, bedeutungsvollen Äußerung im Expressionismus, in Deutschland während der zwanziger Jahre, und dann auch vertreten

Powerflight, 1978
60 × 80 cm
Öl auf Holz

von Trudi Schoop, Palucca, Kurt Jooss, Harald Kreuzberg, Mary Wigman und anderen. Es stimmt völlig mit dem geistigen Hintergrund von Michael Parkes überein, daß er nicht hier auf die Quelle für seine Ideen stieß, sondern sie in der Welt des klassischen Balletts fand; außerdem ist es typisch für ihn, daß er diesen Elementen einen autonomen Freiraum in seinen Ölgemälden und grafischen Arbeiten ließ: Eine klassische Tänzerin, die wie eine Ballerina auf einem symbolhaften, kreisrunden Draht balanciert (ihr Partner ist ein Äffchen mit weißen Lilien, den Blumen der Unschuld und Reinheit), ist in derselben Weise in seine Komposition und Emblematik eingefügt wie die Versatzstücke aus fernen Religionen und Mythen. Michael Parkes entdeckte im klassischen Tanz eine Welt, die der seinen geistig verwandt war, eine symbolisch aufgeladene Transformation all dessen, was in diesem irdisch-sterblichen Dasein als zufällig, unrein und nebensächlich erscheint und jetzt in eine neue Welt umgewandelt ist, die in Einklang mit der Musik und einem «verewigten» Modus von Raum und Zeit steht.

Dieser Gang durch das Œuvre, das Michael Parkes bislang geschaffen hat, soll in aller Vorläufigkeit mit der Schlußfolgerung beendet werden, daß die Adaption von zeitgenössischen Motiven, besonders aus dem klassischen Ballett, eine Bereicherung seiner symbolischen Bildsprache bedeutet – keinesfalls aber eine radikale Wende. Den Beweis dafür treten die neueren Arbeiten «The Rock Dove» (Seite 110), «Leda met de Zwaan» (Seite 119) und «Death of Cleopatra» (Seite 117) an.

Michael Parkes und die Kunst von heute

Die erste «Durchleuchtung» von Michael Parkes als «mediterranem Maler aus Kansas» deutete es bereits flüchtig an: Will man seine Position innerhalb der zeitgenössischen Kunst so allgemein wie möglich bestimmen, dann sollte man ihn denjenigen jüngeren Künstlern zurechnen, die im krassen Gegensatz zu den «Neuen Wilden» und ähnlichen Gruppierungen stehen und die jetzt wieder traditionelle Grundideen und die damit verknüpften Techniken hochachten, wie einst die Künstler, die als Vorläufer der Revolution der modernen Kunst die Basis der großen Tradition der europäischen Malerei seit der Renaissance und den flämischen Primitiven bildeten.

Ausschlaggebend ist dabei die Tatsache, daß sie nicht aus einer reaktionären Regression heraus handelten, sondern vom Wunsch getrieben wurden, eine klare und adäquate Ausdrucksmöglichkeit dessen zu schaffen, was sie in der Welt von heute bewegt. Für sie bedeutet dies – als Mensch und als Künstler – eine Selbstbefreiung von den quälenden Fesseln der modernen «Ismen», ähnlich den Abstrakten, Kubisten, Konstruktivisten und Expressionisten, die sich schon am Anfang dieses Jahrhunderts von der Herrschaft eines totgelaufenen, verbürgerlichten, traditionellen Akademismus freimachen mußten.

Die jungen Künstler von heute erkennen den fundamentalen zeichnerischen Elementen wie Farben- und Linienperspektive, dem plastischen Nachbilden und der Behandlung des Materials wieder eine Bedeutung zu, die Hand in Hand mit dem dafür notwendigen technischen Geschick und der Beherrschung des Materials geht. Normalerweise vollzieht sich dieser Vorgang bei einem jeden Künstler als persönliches Ringen, als ein oft mühsames Erkämpfen von eigenständigen Bild-Mitteln. Manchmal ziehen Kontakte Gruppenbildungen nach sich, wie die sogenannte «Hamburger Schule» mit Wunderlich, Janssen, Bruno Bruni und anderen. Besonders ein Land wie die Niederlande – die nach dem Zweiten Weltkrieg international vor allem durch eigenständige Beiträge zum Neoexpressionismus (die Gruppe «Cobra» mit Appel und Corneille) und später zu «Zero» (die niederländische Nullgruppe) bekannt wurden – beheimatet seit den siebziger Jahren viele jüngere Künstler, die teilweise vom Surrealismus herkommen, der sich in den Niederlanden mit Verspätung durchsetzte und in dem Amsterdamer Maler Melle einen bedeutenden Protagonisten vorweisen kann.

Und Michael Parkes? Aller Wahrscheinlichkeit nach ist er eine ausgesprochene Einzelerscheinung, die ihre Wege allein geht, um selbständig eine Antwort zu finden. Auf diesen Wegen haben wir ihn begleitet. Die Antwort überrascht eigentlich, gerade wegen der räumlich-zeitlichen, geschichtlich bestimmten Komplexität, die er in seinem Werk mit erstaunlicher Selbstsicherheit zu seinem eigenen Stil machte – und das so meisterhaft, daß sogar der Begriff «Synthese» aufdringlich wirkt. Wie seine Landschaften nicht lokalisierbar sind, so lassen sich auch seine Figuren keiner Periode der Kunstgeschichte zuordnen. Selbst dort, wo Erotisches oder anderes anklingt, sind sie als schwerelose Hüllen von einer immateriellen Durchsichtigkeit, die nicht aus der – seit der Renaissance für die Malerei eroberten und verherrlichten – irdischen Wirklichkeit entnommen ist.

Die Kunst von Parkes appelliert an uns als die Menschen dieser Zeit. Jedoch setzt er dafür Bilder und Gestalten aus einer anderen Welt ein, und er stellt es dem Betrachter anheim, die Bedeutung, die das ewig Menschliche mit dem Heute verbindet, selbst herauszufinden, davon überzeugt, daß diese Visionen genug Kraft besitzen, die Geheimnisse preiszugeben. Deshalb kann man Parkes kaum zu einem erläuternden Kommentar verleiten; er ist auch als Mensch kein Mann langer Worte, er ist ein Maler-Graphiker-Zeichner bedeutungsschwerer Bilder. Obwohl er in fast allen Arbeiten Symbole aus unzähligen Kulturen und Zeiten verwendet, vertraut er doch so auf ihre unmittelbare Aussagekraft, das er seine Werke auch für denjenigen stark genug einschätzt, dem diese symbolische, an bestimmte Kulturen, Mythen und Religionen geknüpfte Bedeutung ein Buch mit sieben Siegeln bleibt.

Parkes' wahre Könnerschaft als Maler und Graphiker verbirgt sich hinter der bildnerischen Umsetzung eines Themas. Das heißt: Eine Idee in die Gesamtheit der Komposition einbringen, zu komponieren (eine Begabung, die er wie nur wenige andere hat), einen figurativen Aufbau seiner Phantasmagorien mit Hilfe von Farbe und Licht, Raum, Modulation und der Aussagekraft des Materials zu schaffen, auch wenn diese Anordnung einen überwiegend immateriellen, unirdischen Charakter besitzt. In Parkes' Phantasiewelt sind die Gesetze der irdischen Realität außer Kraft gesetzt worden, gehen Raum und Zeit eine autonome, «bewegungslose» Einheit ein.

Es verführt natürlich, bei Parkes von einer Traumwelt zu sprechen, doch als Zeichen wahrer Größe übertrifft seine Traumwelt all unsere Träume in Kühnheit, Freiheit und Eindringlichkeit bei weitem. Außerdem folgen seine Bilder kaum der allgemein geläufigen Traumsymbolik – auch wenn Elemente aus ihr immer wieder auftauchen.

Und dies führt noch einmal zum Geheimnis der großartigen Komposition, zur Meisterschaft eines modernen Künstlers, der als Maler und Graphiker eigene Wege geht. Dabei steht der Bildaufbau in enger Beziehung zur Organisation der Bildfläche – unter welchen perspektivisch-räumlichen Aspekten man seine Werke auch betrachten mag. Zum Schluß dafür als treffendes Beispiel die sechsfarbige Lithographie «Der letzte Schwanenkönig» (Seite 122), die Ende 1982 erschien. Hier gleicht das blaue Viereck mit dem Schwanenkönig fast einer Lithographie in der Lithographie, die gleichzeitig integriert ist in eine alles umfassende Komposition, die sich «vor» dem blauen Teilstück befindet, zusammen mit den gezeichnet scheinenden Formen wie Schwan und Lilie. Vom Theater, vom «bildenden», die Fläche verleugnenden Scheinraum ist hier nichts zu sehen. Dazu ließe sich höchstens durch das für Parkes so charakteristische Spiel mit Licht und Farbe ein Bezug herstellen. Kurzum, in Michael Parkes hat die figurative Kunst unserer Zeit einen neuen, faszinierenden und höchst authentischen Vertreter gefunden.

Werkverzeichnis

The Juggler, 1977
60×73 cm
Öl auf Holz

Transition, 1977
60×73 cm
Öl auf Holz

Crepuscolo, 1977
60×75 cm
Öl auf Holz

Geometric Projection, 1977
60×75 cm
Öl auf Holz

Juego de Crystal, 1978
50 × 60 cm
Öl auf Holz

Death of Ramses, 1978
50×60 cm
Öl auf Holz

No Title, 1978
60×74 cm
Öl auf Holz

Oasis, 1978
60 × 74 cm
Öl auf Holz

Diana, 1978
60×75 cm
Öl auf Holz

St. George and
the Dragon, 1978
120 × 150 cm
Öl auf Holz

Khensu, 1978
90×110 cm
Öl auf Holz

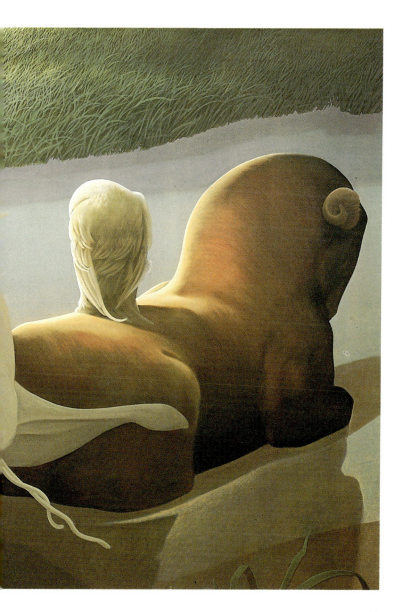

Stillife, 1978
120×150 cm
Öl auf Holz

Mars, 1978
60 × 75 cm
Öl auf Holz

Broken Promises, 1978
60×75 cm
Öl auf Holz

The Desert Butteray, 1978
60×75 cm
Öl auf Holz

Reflective Passion, 1978
35×35 cm
Öl auf Holz

Mute Swan, 1978
50 × 60 cm
Öl auf Holz

La Magdalena, 1978
80 × 100 cm
Öl auf Holz

St. George, 1978
60×75 cm
Öl auf Holz

Year 12 A. D., 1978
50 × 60 cm
Öl auf Holz

Sweet Sadness, 1978
100×120 cm
Öl auf Holz

The Impossible Circle,
1978
100×120 cm
Öl auf Holz

Practice Room, 1978
90×110 cm
Öl auf Holz

Nymphea, 1978
60 × 74 cm
Öl auf Holz

The General's Mistress, 1979
60 × 74 cm
Öl auf Holz

Net, the Egyptian Goddess of the Hunt, 1979
60×74 cm
Öl auf Holz

The Lotus, 1979
60 × 74 cm
Öl auf Holz

Sacred Fire, 1979
60 × 74 cm
Öl auf Holz

The Last Queen, 1979
60 × 74 cm
Öl auf Holz

Strawberry Afternoon, 1979
60×74 cm
Öl auf Holz

The Juggler's Mistress, 1979
60 × 74 cm
Öl auf Holz

Dusk, 1979
60×74 cm
Öl auf Holz

Dawn, 1979
60×74 cm
Öl auf Holz

Horus, 1979
60 × 74 cm
Öl auf Holz

String Game, 1979
60 × 74 cm
Öl auf Holz

Night Water, 1980
60×74 cm
Öl auf Holz

Beginning, 1980
60 × 74 cm
Öl auf Holz

The Bath, 1980
60 × 74 cm
Öl auf Holz

Europa, 1980
60 × 74 cm
Öl auf Holz

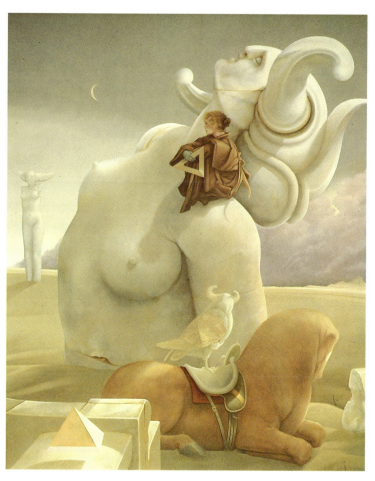

Auro Mira, 1980
60×74 cm
Öl auf Holz

Omega Card, 1980
60 × 74 cm
Öl auf Holz

Swan Lake, 1980
60 × 74 cm
Öl auf Holz

Warrior, 1980
60 × 74 cm
Öl auf Holz

The Captice Princess, 1980
60×74 cm
Öl auf Holz

The Magicians Daughter, 1980
60×74 cm
Öl auf Holz

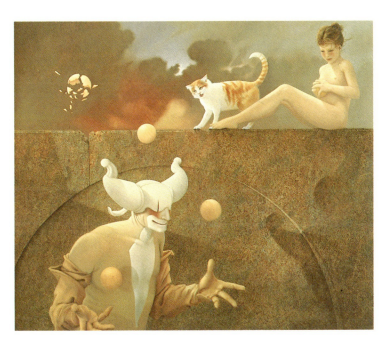

The Juggler, 1980
60×74 cm
Öl auf Holz

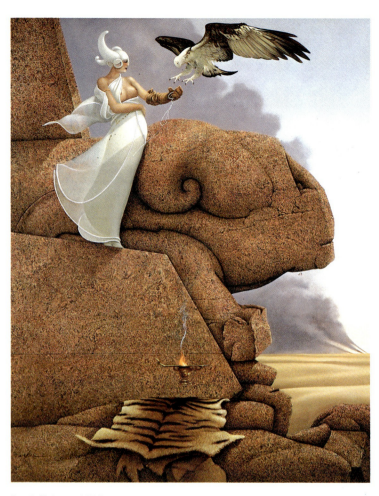

Lock Falcon, 1980
60×74 cm
Öl auf Holz

Three Magic Feathers, 1980
60 × 74 cm
Öl auf Holz

Signal Fire, 1980
60 × 74 cm
Öl auf Holz

Tea, 1980
60 × 74 cm
Öl auf Holz

Returning Home, 1980
90×110 cm
Öl auf Holz

Children's Games, 1981
30 × 35 cm
Öl auf Holz

Remembering Persepolis, 1981
30 × 35 cm
Öl auf Holz

Time Slip, 1981
60 × 75 cm
Öl auf Holz

Death of Paganini, 1981
60×75 cm
Öl auf Holz

The Last Sea Serpent, 1981
60×75 cm
Öl auf Holz

Taut Rope, 1981
60×75 cm
Öl auf Holz

No Title, 1981
60×75 cm
Öl auf Holz

Morning Bells, 1981
60 × 74 cm
Öl auf Holz

The Juggler, 1981
90 × 110 cm
Öl auf Holz

Feather Game, 1981
60×74 cm
Öl auf Holz

Virgin, 1981
60 × 50 cm
Öl auf Holz

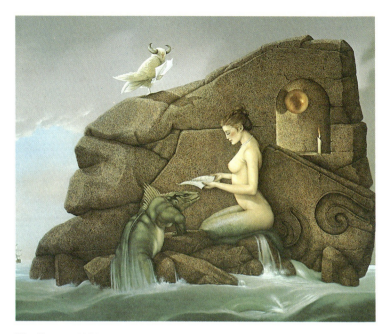

The Letter, 1981
50 × 40 cm
Öl auf Holz

The Collector, 1981
50 × 60 cm
Öl auf Holz

The Game, 1981
60 × 73 cm
Öl auf Holz

The Last Dragon, 1981
60 × 73 cm
Öl auf Holz

The Rock Dove, 1982
60 × 73 cm
Öl auf Holz

The Mask, 1982
60×73 cm
Öl auf Holz

The Avator, 1982
60×110 cm
Öl auf Holz

Petrouchka's Dream, 1982
60 × 110 cm
Öl auf Holz

A Dream for Rosa, 1982
90×110 cm
Öl auf Holz

Death of Cleopatra, 1982
50 × 60 cm
Öl und Bleistift auf Holz

Swan King, 1982
60 × 72 cm
Öl auf Holz

Lea met de Zwaan, 1982
30×35 cm
Öl auf Holz

Swan King, 1982
30×35 cm
Öl auf Holz

Practice Ring, 1982
50 × 65 cm
Lithographie

The Last Swan King, 1982
50 × 65 cm
Öl und Bleistift auf Holz

The Last Swan King, 1982
50×65 cm
Lithographie

Monkey Dancer, 1982
50 × 60 cm
Öl und Bleistift auf Holz

The Practice Ring, 1982
50 × 60 cm
Öl und Bleistift auf Holz

Swan Lake,
1982
90×110 cm
Öl auf Holz

Swan Spirit, 1982
40 × 60 cm
Öl auf Holz

Water Music, 1982
50 × 60 cm
Öl auf Holz

Tuesday's Child, 1982
90×110 cm
Öl auf Holz

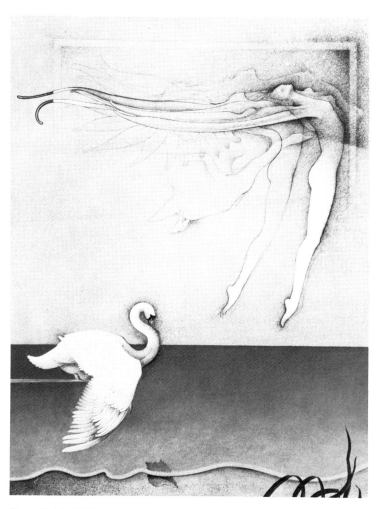

Swan Spirit, 1982
50×65 cm
Öl und Bleistift auf Holz

Time Juggler, 1982
50 × 65 cm
Öl und Bleistift auf Holz

Petrouchka, 1983
50 × 65 cm
Öl und Bleistift auf Holz

Petrouchka II, 1983
50 × 65 cm
Öl und Bleistift auf Holz

Le Faune, 1983
50 × 65 cm
Öl und Bleistift auf Holz

Le Faune II, 1983
50×65 cm
Öl und Bleistift auf Holz

Petrouchka, 1983
50 × 65 cm
Lithographie

Le Faune, 1983
50×65 cm
Lithographie

Monkey Dancer, 1983, 12×17,5 cm, Öl und Bleistift auf Holz

The Juggler's Monkey, 1983, 12 × 17,5 cm, Öl und Bleistift auf Holz

Monkey Dancer, 1983, 22 × 30 cm, Lithographie

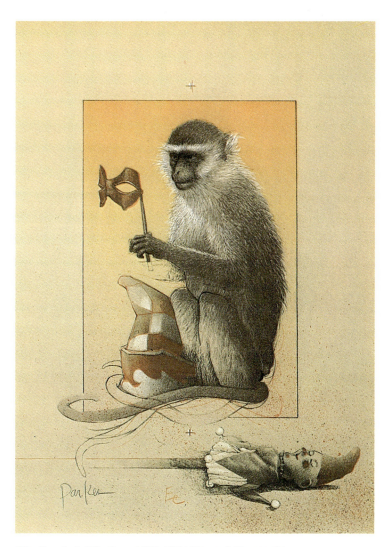

The Juggler's Monkey, 1983, 22 × 30 cm, Lithographie

Maya, 1983
90×120 cm
Öl auf Holz

Lebensdaten Michael Parkes

1944 in Kansas/USA geboren
1962–66 Studium an der University of Kansas
1966–68 Studium an der Kent State University, Ohio
1968–70 Dozentur für Graphik an der Kent State University, Ohio
1970–72 Dozentur für Graphik an der University of Florida
1972–75 Reisen in Europa und Asien
seit 1975 Wohnsitz in Spanien (bei Malaga)

Einzelausstellungen in Spanien, Holland und den USA

Seine Werke befinden sich in privaten und öffentlichen Sammlungen in Spanien, Italien, Holland, Deutschland, England, Frankreich, der Schweiz und den USA.

Das künstlerische Werk von Michael Parkes wird betreut von der Galerie Steltman, Westermarkt 27, 1016 DJ Amsterdam.

Die bibliophilen Taschenbücher

«Ein verlegerisches Unternehmen, das der Augen- und Sinnenfeindschaft entgegenwirkt, die unser massenmediales Zeitalter so traurig kennzeichnen.» (FAZ)

In einem Programm ohne Alternative erscheinen Bücher der Sachgebiete:

Kunst · Kunsthandwerk und Kleinkunst
Plakate und Gebrauchsgraphik · Alte Postkarten
Reklame von gestern · Musik, Theater, Film · Fotografie
Literatur · Alte Kinderbücher · Geschichte
Religion, Glaube, Mythos · Karikaturen und Satiren
Kulinarisches · Erotica · Medizin, Naturwissenschaft, Technik
Architektur und Veduten · Länder, Reisen, Volkstum
Moden, Trachten, Uniformen · Militaria
Geld, Wirtschaft, Recht · Natur und Tiere · Sport und Spiel
Austriaca · Anthologien/Sammlungen

Ein Gesamtverzeichnis der rund 400 bisher erschienenen Bände erhalten Sie bei Ihrem Buchhändler.

Kunst

Band Nr. 1
Gutenberg-Bibel
Nach der Ausgabe von 1450–1455. Nachworte von Wieland Schmidt und Aloys Ruppel. 320 Seiten, 19,80 DM

Band Nr. 19
Grandville
**Die Seele der Blumen –
Les Fleurs Animées**
Nach der Ausgabe von 1847. Nachwort von Marianne Bernhard. 116 Seiten, 5 Farbtafeln, 14,80 DM

Band Nr. 26
**Herzensangelegenheiten.
Liebe aus der Gartenlaube**
Aus dem 19. Jahrhundert. Nachwort von Marianne Bernhard. 156 Seiten, 102 Abbildungen, 6,80 DM

Band Nr. 39
Ludwig Richter
**Beschauliches
und Erbauliches**
Nach der Ausgabe von 1855. Nachwort von Reinhard Bentmann. 66 Seiten, 35 Holzschnitte, 6,80 DM

Band Nr. 43
Hans Burgkmair d. J.
Turnier-Buch
Nach der Ausgabe von 1853. Nachwort von Reinhard Bentmann. 86 Seiten, 27 Farbtafeln nach H. Burgkmair, 9,80 DM

Band Nr. 49
Johann Wolfgang von Goethe
Reineke Fuchs
Nach der Ausgabe von 1867. Nachwort von Walter Scherf. 36 Stahlstiche mit Wilhelm von Kaulbach. 356 Seiten, 12,80 DM

Band Nr. 67
Ludwig Richter
Goethe-Album
Nach der Ausgabe von 1857. 40 Holzschnitte nach Ludwig Richter. 82 Seiten, 6,80 DM

Band Nr. 85
Oscar Wilde
Salome
Mit den Illustrationen von Aubrey Beardsley. Nachwort von Gabriele Sterner. 76 Seiten, 16 Abbildungen, 7,80 DM

Band Nr. 95
Albrecht Dürer
Die drei großen Bücher
Marienleben–Große Passion–Apokalypse. Nach den Ausgaben von 1513. Herausgegeben von Horst Appuhn. 182 Seiten, 48 Holzschnitte, 9,80 DM

Band Nr. 100
**Triumphzug
Kaiser Maximilians I.**
Bilderfries aus 137 Holzschnitten.
Herausgegeben von Horst Appuhn. 205 Seiten, 137 Abbildungen, 9,80 DM

Band Nr. 108
Rebusbilder
Aus der Wiener allgemeinen Theaterzeitung. Nachwort von Fritz Bernhard. 92 Seiten, 46 Farbtafeln, 14,80 DM

Band Nr. 109
Grandville
Verwandlungen von heute
Nach der Ausgabe von 1854. Nachwort von Marianne Bernhard. 155 Seiten, 70 farbige Abbildungen, 14,80 DM

Band Nr. 128
Hishikawa Moronobu
Vergnügungen der Liebe
Nach der Buchausgabe von 1683. Herausgegeben von Franz Winzinger. 45 Seiten, 32 Abbildungen, 12,80 DM

Band 129
Albert Schindehütte
Sammelalbum
Werkverzeichnis der Druckgraphik. Texte von Peter Rühmkorf, Günter Bruno Fuchs und H. C. Artmann. Mit signierter Original-Radierung. 360 Seiten, 170 teilweise farbige Abbildungen, 29,80 DM

Band Nr. 130
Das Hausbuch der Cerruti
Nach der Handschrift in der Österr. Nationalbibliothek. Übertragung und Nachwort von Franz Unterkircher. 227 Seiten, davon 212 Farbseiten, 24,80 DM

Band Nr. 169
Pierre-Joseph Redouté
Die Rosen
Nach der Ausgabe von 1817–1824. Nachwort von Edmund Launert. 366 Seiten, 167 farbige Abbildungen, 29,80 DM

Band Nr. 175
Wilhelm Deutschmann
Theatralische Bilder-Gallerie
Wiener Theater in Aquarellen von Johann Christian Schoeller. Herausgegeben vom Historischen Museum der Stadt Wien. 192 Seiten, 81 farbige Abbildungen, 19,80 DM

Band Nr. 182
Jean Henri Marlet
Pariser Volksleben
Kolorierte Lithographien. Nachwort von Gretel Wagner. 156 Seiten, 68 farbige Abbildungen, 16,80 DM

Band Nr. 185
Götter und Dämonen
Handschrift mit Schattenspielfiguren. Nach der Ausgabe von 1848. Einführung von Clara B. Wilpert. 90 Seiten, 60 farbige Abbildungen, 24,80 DM

Band Nr. 186
Marianne Bernhard (Hrsg.)
Künstler-Autographen
Dichter, Maler und Musiker in ihrer Handschrift. 266 Seiten, 14,80 DM

Band Nr. 190
Thomas Rowlandson
Allerlei Liebe
Erotische Graphik. Nachwort von Gerd Unverfehrt. 124 Seiten, 50 farbige Abbildungen, 14,80 DM

Band Nr. 191
Michael Weisser
Medaillen und Plaketten
Europäische Medaillierkunst zwischen Historismus, Jugendstil und Art deco. 190 Seiten, 120 Abb., 12,80 DM

Band Nr. 201
Kitagawa Utamaro
Schatzkammer der Liebe
Nachdruck der Ausgabe um 1800. Herausgegeben von Franz Winzinger. 47 Seiten, 30 Farbtafeln, 14,80 DM

Band Nr. 204
Jeannot Simmen
Ruinen-Faszination
In der Graphik vom 16. Jahrhundert bis in die Gegenwart. 225 Seiten, 115 teilweise farbige Abbildungen, 14,80 DM

Band Nr. 213
Marcus Elieser Bloch
Naturgeschichte der Fische I
Fische Deutschlands. Eine Auswahl. Nachwort von Christine Karrer. 201 Seiten, 82 farbige Abbildungen, 19,80 DM

Band Nr. 219
Jost Amman
Die Frauenzimmer
Die Frauen Europas und ihre Trachten. Nachdruck der Erstausgabe von 1586. Nachwort von Curt Grützmacher. 276 Seiten, 124 Holzschnittillustrationen, 9,80 DM

Band Nr. 234
Bella Napoli
Neapolitanisches Volksleben in kolorierten Lithographien von Gaetano Dura. Aufsatz „Neapel" von Ferdinand Gregorovius. 125 Seiten, 40 Farbtafeln, 16,80 DM

Band Nr. 237
Nicolas Robert
Tulpen
Miniaturen von Nicolas Robert. Nachwort von Armin Geus. 100 Seiten, 38 Farbtafeln, 14,80 DM

Band Nr. 245
Marcus Elieser Bloch
Naturgeschichte der Fische II
Ausländische Fische. Eine Auswahl von Christine Karrer. 167 Seiten, 82 farbige Abbildungen, 19,80 DM

Band Nr. 248
Heinz Schomann (Hrsg.)
Kaisergalerie
Die Herrscherporträts des Kaisersaals im Frankfurter Römer. 72 Seiten, 52 farbige Abbildungen, 16,80 DM

Band Nr. 250
Udo Andersohn
**Musiktitel
aus dem Jugendstil**
64 Beispiele aus den Jahren 1886 bis 1918. 152 Seiten, 64 Farbtafeln, 16,80 DM

Band Nr. 255
Christoph Jakob Trew
Erlesene Pflanzen
Nach den 100 kolorierten Kupfern der „Plantae selectae" aus den Jahren 1750 bis 1775. Erläuterungen und Nachwort von Edmund Launert. 146 Seiten, 100 farbige Abbildungen, 24,80 DM

Band Nr. 257
Philip Rawson
Erotische Kunst aus Indien
Miniaturen aus drei Jahrhunderten. 109 Seiten, 40 Farbtafeln, 14,80 DM

Band Nr. 267
Horst Appuhn (Hrsg.)
Heilsspiegel
Die Bilder des mittelalterlichen Erbauungsbuches „Speculum humanae salvationis". 138 Seiten, 80 Farbtafeln, 19,80 DM

Band Nr. 270
Henry Monnier
Aus der Bohème
Erotische Bilder. Nachwort von Rudolf Kimmig. 54 Seiten, 50 farbige Abbildungen, 14,80 DM

Band Nr. 273
C. J. Cela / P. Picasso
Geschichten ohne Liebe
Farbillustrationen von Pablo Picasso. 151 Seiten, 32 farbige Abbildungen, 14,80 DM

Band Nr. 274
Katsushika Hokusai
Die hundert Ansichten des Berges Fuji
Fugaku Hyakkei. Gesamtausgabe. Erläuterungen von Franz Winzinger. 180 Seiten, 103 Abbildungen, 16,80 DM

Band Nr. 280
Carsten-Peter Warncke
**Bavaria sancta –
Heiliges Bayern**
Die altbayerischen Patrone aus der Heiligengeschichte des Matthaeus Rader. In Bildern von J. M. Kager, P. Candid und R. Sadeler. 317 Seiten, 138 Abbildungen, 14,80 DM

Band Nr. 288
Philippe Garner
Jugendstil-Glas
Gallé – Tiffany – Lalique. 102 Seiten, 40 farbige Abbildungen, 14,80 DM

Band Nr. 289
Fritz Winzer
**Die Stundenbücher
des Duc de Berry**
Les Belles Heures – Les Très Riches Heures. 141 Seiten, 60 farbige Abbildungen, 16,80 DM

Band Nr. 298
Frans Masereel
Mein Stundenbuch
Ein Bilderroman in 165 Holzschnitten. Nachdruck der deutschen Erstausgabe von 1926. Einführung von Thomas Mann.
Nachwort von Rudolf Hagelstange. 223 Seiten, 165 Abbildungen, 14,80 DM

Band Nr. 301
Hugh Tait
Venezianisches Glas
Aus dem Englischen von Rudolf Kimmig. 275 Seiten, 240, teils farbige Tafeln, 24,80 DM

Band Nr. 303
Karl Blossfeldt
Urformen der Kunst
Photographierte Pflanzen Nach der Ausgabe Berlin 1929.
272 Seiten, 100 Abbildungen, 14,80 DM

Band Nr. 312
Gabriele Grosse
Tapisserien
Herausgegeben von Armin Geus. 224 Seiten, 90 farbige Abbildungen mit handsignierter Originalradierung, 38,– DM

Band Nr. 312a
Vorzugsausgabe von 999 Exemplaren, mit drei lose beigegebenen, handsignierten Originalradierungen, 98 DM

Band Nr. 314
*HAP Grieshaber /
Margarete Hannsmann*
Grob, fein & göttlich
150 Seiten, 50 farbige Abbildungen, 16,80 DM

Band Nr. 315
Heinz Skrobucha
Ikonen

148 Seiten, 100 farbige Abbildungen, 24,80 DM

Band Nr. 319
Hendrick Lühl (Hrsg.)
Osaka-Holzschnitte
187 Seiten, 90 teils farbige Abbildungen, 19,80 DM

Band Nr. 321
Walter Crane
Das Blumenfest
Nachwort von Suzanne Koranyi-Esser. 102 Seiten, 40 farbige Abbildungen, 14,80 DM

Band Nr. 326
*Johann Heinrich
Wilhelm Tischbein*
Idyllen
Herausgegeben von Peter Reindl. 147 Seiten, 60 farbige Abbildungen, 19,80 DM

Band Nr. 332
Jacques Callot
**Kleine und große
Schrecken des Krieges**
Nachwort von Franz Winzinger. 110 Seiten, 40 Abbildungen, 9,80 DM

Band Nr. 337
Max Slevogt
**Die Gemälde auf Schloß
Villa Ludwigshöhe**
Nachwort von Berthold Roland. 145 Seiten, 60 Abbildungen, 19,80 DM

Band Nr. 343
Dolf Lindner (Hrsg.)
**Hausner:
Werkverzeichnis**
159 Abbildungen, 320 Seiten mit einer signierten Originalgraphik, 48,– DM

Band Nr. 343a
Vorzugsausgabe von 999 Exemplaren mit einer lose beigegebenen numerierten und signierten Originalgraphik, 128,– DM

Band Nr. 344
Jürgen Spohn
Ich, dein Bär
52 farbige Postkarten, 122 Seiten, 16,80 DM

Band Nr. 348
*Herwig Guratzsch/
Gerd Unverfehrt (Hrsg.)*
Gustave Doré
356 Abbildungen, 693 Seiten (2 Bände), je 14,80 DM

Band Nr. 349
Otmar Alt
Liebes-Buch der Elefanten
Erotische Aquarelle. Nachwort von Hanns Theodor Flemming. 56 Abbildungen, 118 Seiten mit einem signierten Originalsiebdruck, 38,– DM

Band Nr. 349a
Vorzugsausgabe von 999 Exemplaren mit einem lose beigegebenen, numerierten, signierten und um drei weitere Farben angereicherten Originalsiebdruck, 98,– DM

Band Nr. 355
Peter Paul Rubens
Palazzi di Genova
Herausgegeben und mit einem Nachwort von Heinz Schomann. 136 Abbildungen, 217 Seiten, 14,80 DM

Band Nr. 373
Fritz Janschka
Ulysses-Alphabet
Nachwort von John Norton-Smith. 54, meist farbige Abbildungen, 119 Seiten mit einer signierten Originalgraphik, 38,– DM

Band Nr. 373a
Vorzugsausgabe von 999 Exemplaren mit einer lose beigegebenen, numerierten und signierten Originalradierung, 128,– DM

Band Nr. 386
Hendrik Goltzius
Eros und Gewalt
Stiche aus der Werkstatt von Hendrik Goltzius. Mit einem Vorwort von Eva Magnaguagno-Korazija. 73 Abbildungen, 207 Seiten, 14,80 DM

Band Nr. 391
Bruno Bruni
Das druckgraphische Werk 1961–1976. Ca. 180 Abbildungen, ca. 210 Seiten, 16,80 DM

Band Nr. 402
Simon Dittrich
Werkverzeichnis
Ca. 200 meist farbige Abbildungen, ca. 250 Seiten, einmalige, limitierte Auflage von 5000 Exemplaren. Beigegeben farbige, handsignierte Originalgraphik, 38,– DM

Band Nr. 912
Vorzugsausgabe in 999 Exemplaren mit buchkünstlerisch gestaltetem Einband und beigegebener Originalgraphik (signiert und numeriert), 128,– DM

Band Nr. 410
Michael Parkes
Werkverzeichnis. Mit einem Nachwort von Hans Redeker. 96 meist farbige Abbildungen, 146 Seiten. Einmalige, limitierte Auflage von 5000 Exemplaren. Beigegeben farbige, handsignierte Originalgraphik, 38,– DM

Plakate und Gebrauchsgraphik

Band Nr. 48
Andreas & Angela Hopf
Alte Exlibris
237 Seiten, 220 Abbildungen, davon 32 in Farbe. 16,80 DM

Band Nr. 59
Frieder Mellinghoff (Hrsg.)
Kunst-Ereignisse
Plakate zu Kunst-Ausstellungen. 186 Seiten, 88 farbige Abbildungen, 16,80 DM

Band Nr. 69
Robert Lebeck (Hrsg.)
Reklame-Postkarten
Nachwort von Jürgen Kesting. 176 Seiten, 80, überwiegend farbige Abbildungen, 16,80 DM

Band Nr. 83
Bilder-Gallerie
Nach der Ausgabe von 1825/27. Nachwort von Heiner Höfener. 540 Seiten, 226 Tafeln. 14,80 DM

Band Nr. 91
Ruth Malhotra
Manege frei
Artisten- und Circusplakate von Adolph Friedländer. 296 Seiten, 128 farbige Abbildungen, 19,80 DM

Band Nr. 99
Kurt K. Doberer
Schöne Briefmarken
172 Seiten, 80 farbige Abbildungen, 16,80 DM

Band Nr. 119
Andreas & Angela Hopf
Exlibris der Dame
196 Seiten, 90, meist farbige Abbildungen, 16,80 DM

Band Nr. 127
Fritz Bernhard
Ballspenden
Farbfotos von Elke Dröscher. 247 Seiten, 120 farbige Abbildungen, 19,80 DM

Band Nr. 134
Reingard Witzmann
Freundschafts- und Glückwunschkarten aus dem Wiener Biedermeier
Herausgegeben vom Historischen Museum der Stadt Wien, 193 Seiten, 113 farbige Abbildungen, 19,80 DM

Band Nr. 140
Ernst Wolfgang Mick
Altes Buntpapier
175 Seiten, 89 farbige Abbildungen, 24,80 DM

Band Nr. 141
Rainer E. Lotz
Grammophonplatten aus der Ragtime-Ära
212 Seiten, 80 farbige Abbildungen, 19,80 DM

Band Nr. 145
Albert Pick
Altes Papiergeld
248 Seiten, 120 farbige Abbildungen, 19,80 DM

Band Nr. 153
Ruth Eder
Theaterzettel
251 Seiten, 120 farbige Abbildungen, 12,80 DM

Band Nr. 163
C. P. Maurenbrecher (Hrsg.)
Europäische Kaufrufe I
Straßenhändler in graphischen Darstellungen. Mitteleuropa, England, Rußland. 200 Seiten, 93 meist farbige Abbildungen, 19,80 DM

Band Nr. 165
Frieder Mellinghoff (Hrsg.)
Plakatanschlag für Friedrich Schiller
Theaterplakate deutschsprachiger Bühnen 1900–1980. Einführung von Cornelia Naumann. 175 Seiten, 80, teilweise farbige Abbildungen, 14,80 DM

Band Nr. 172
C. P. Maurenbrecher (Hrsg.)
Europäische Kaufrufe II
Straßenhändler in graphischen Darstellungen. Frankreich, Italien, Iberische Halbinsel, Konstantinopel. 180 Seiten, 83, teilweise farbige Abbildungen, 19,80 DM

Band Nr. 194
Ruth Malhotra
Horror-Galerie
Ein Bestiarium der Dritten Französischen Republik. 180 Seiten, 51 farbige Abbildungen, 16,80 DM

Band Nr. 197
Werner Bokelberg (Hrsg.)
Vending Machine Cards
Pin-up-Girls von gestern. Nachwort von Michael Naumann. 171 Seiten, 79 farbige Abbildungen, 16,80 DM

Band Nr. 215
Dieter Amman
Polnische Plakatkunst
153 Seiten, 70 farbige Abbildungen, 16,80 DM

Band Nr. 225
Immerwährender Kalender für die tüchtige Hausfrau
99 Seiten, 24 Abbildungen, 9,80 DM

Band Nr. 226
Frieder Mellinghoff (Hrsg.)
Aufbruch in das mobile Jahrhundert
Verkehrsmittel auf Plakaten. 163 Seiten, 75 farbige Abbildungen, 19,80 DM

Band Nr. 230
Robert Lebeck (Hrsg.)
Alte Reklame Made in USA
Nachwort von Gerhard Kaufmann. 164 Seiten, 80 farbige Abbildungen, 16,80 DM

Band Nr. 238
Andreas & Angela Hopf
Erotische Exlibris
174 Seiten, 82, teils farbige Abbildungen, 16,80 DM

Band Nr. 250
Udo Andersohn
Musiktitel aus dem Jugendstil
64 Beispiele aus den Jahren 1886 bis 1918. 152 Seiten, 64 Farbtafeln, 16,80 DM

Band Nr. 252
Ulrich Feuerhorst / Holger Steinle
Email-Plakate
96 Seiten, 70 farbige Abbildungen, 16,80 DM

Band Nr. 278
Manfred Bachmann (Hrsg.)
Das Spielzeugmusterbuch
Nach der Ausgabe um 1850. 137 Seiten, 64 Farbseiten, 16,80 DM

Kunsthandwerk und Kleinkunst

Band Nr. 70
Elke Dröscher (Hrsg.)
Puppenwelt
172 Seiten, 80 farbige Abbildungen, 16,80 DM

Band Nr. 103
Elke Dröscher (Hrsg.)
Puppenleben
123 Seiten, 80 farbige Abbildungen, 16,80 DM

Band Nr. 108
Rebusbilder
Aus der Wiener allgemeinen Theaterzeitung. Nachwort von Fritz Bernhard. 92 Seiten, 46 Farbtafeln, 14,80 DM

Band Nr. 127
Fritz Bernhard
Ballspenden
Farbfotos von Elke Dröscher. 247 Seiten, 120 farbige Abbildungen, 19,80 DM

Band Nr. 131
Fritz Bernhard/
Fritz Glotzmann
Spitzenbilder
Kolorierte Pergamentschnitte. 188 Seiten, 84 farbige Abbildungen, 16,80 DM

Band Nr. 134
Reingard Witzmann
Freundschafts- und Glückwunschkarten aus dem Wiener Biedermeier
Herausgegeben vom Historischen Museum der Stadt Wien, 193 Seiten, 113 farbige Abbildungen, 19,80 DM

Band Nr. 140
Ernst Wolfgang Mick
Altes Buntpapier
175 Seiten, 89 farbige Abbildungen, 24,80 DM

Band Nr. 146
Eduard Polak
Bunte Eier aus aller Welt
181 Seiten, 80 farbige Abbildungen, 14,80 DM

Band Nr. 175
Wilhelm Deutschmann
Theatralische Bilder-Gallerie
Wiener Theater in Aquarellen von Johann Christian Schoeller. Herausgegeben vom Historischen Museum der Stadt Wien. 192 Seiten, 81 farbige Abbildungen, 19,80 DM

Band Nr. 185
Götter und Dämonen
Handschrift mit Schattenspielfiguren. Nach der Ausgabe von 1848. Einführung von Clara B. Wilpert. 90 Seiten, 60 farbige Abbildungen, 24,80 DM

Band Nr. 191
Michael Weisser
Medaillen und Plaketten
Europäische Medaillierkunst zwischen Historismus, Jugendstil und Art deco. 190 Seiten, 120 Abb., 12,80 DM

Band Nr. 195
Robert Lebeck
In Memoriam
Fotografien auf Gräbern. Einführung von Fritz Kempe. 175 Seiten , 80 farbige Abbildungen, 19,80 DM

Band Nr. 205
Fritz Bernhard/
Fritz Glotzmann
Fromme Bilderlust
Miniaturen auf kleinen Andachtsbildern. 205 Seiten, 97 farbige Abbildungen, 16,80 DM

Band Nr. 212
Gisela Zick
Gedenke mein
Freundschafts- und Memorialschmuck 1770–1870. 181 Seiten, 64, meist farbige Tafeln, 16,80 DM

Band Nr. 216
Rolf D. Schwarz
Neon
Leuchtreklame in den USA. 112 Seiten, 88 Farbtafeln. 19,80 DM

Band Nr. 218
Wolfgang Lauter
Schöne Laden- und Wirtshausschilder
131 Seiten, 69 Farbtafeln, 16,80 DM

Band Nr. 236
H. Fritz/M. Fritz (Hrsg.)
Blechspielzeug
In Farbaufnahmen von Elke Dröscher. Nachwort der Herausgeber. 162 Seiten, davon 80 Farbseiten, 19,80 DM

Band Nr. 243
Detlef Hoffmann/
Margot Dietrich
Die Dondorf'schen Luxus-Spielkarten
248 Seiten, 80 Farbtafeln, 19,80 DM

Band Nr. 253
Lotte Maier
Militärmarken
159 Seiten, 72 Farbtafeln, 19,80 DM

Band Nr. 277
Christian Warlich
Tätowierungen
Vorlagealbum des Königs der Tätowierer. Herausgegeben von Stephan Oettermann. Vorwort von Ulrich Bauche. 99 Seiten, 66 Farbtafeln, 16,80 DM

Band Nr. 278
Manfred Bachmann (Hrsg.)
Das Spielzeugmusterbuch
Nach der Ausgabe um 1850. 137 Seiten, 64 Farbseiten, 16,80 DM

Band Nr. 279
Robert Hiltbrand
Krippenfiguren
Populäre Weihnachtskrippen aus Italien.
178 Seiten, 80 farbige Abbildungen, 19,80 DM

Band Nr. 288
Philippe Garner
Jugendstil-Glas
Gallé – Tiffany – Lalique. 102 Seiten, 40 farbige Abbildungen, 14,80 DM

Band Nr. 301
Hugh Tait
Venezianisches Glas
Aus dem Englischen von Rudolf Kimmig. 275 Seiten, 240, teils farbige Tafeln, 24,80 DM

Band Nr. 317
Adalbert Roeper
Des Eisens schönste Formen
Kunstschmiedearbeiten aus fünf Jahrhunderten. 206 Seiten, 214 Abbildungen, 14,80 DM